AUTOR:

CARLOS PARRA ALCARAZ

LOS ESPACIOS PARA LA ENSEÑANZA DE LAS ACTIVIDADES FÍSICAS EN EL MEDIO NATURAL

Título:	LOS ESPACIOS PARA LA ENSEÑANZA DE LAS ACTIVIDADES FÍSICAS EN EL MEDIO NATURAL
Autor:	CARLOS PARRA ALCARAZ
Editorial:	WANCEULEN EDITORIAL DEPORTIVA, S.L. www.wanceulen.com
ISBN:	978-84-9993-437-2

Dep. Legal:
©Copyright: WANCEULEN EDITORIAL DEPORTIVA, S.L.
Primera Edición: Año 2016
Impreso en España

Reservados todos los derechos. Queda prohibido reproducir, almacenar en sistemas de recuperación de la información y transmitir parte alguna de esta publicación, cualquiera que sea el medio empleado (electrónico, mecánico, fotocopia, impresión, grabación, etc), sin el permiso de los titulares de los derechos de propiedad intelectual. Cualquier forma de reproducción, distribución, comunicación pública o transformación de esta obra solo puede ser realizada con la autorización de sus titulares, salvo excepción prevista por la ley. Diríjase a CEDRO (Centro Español de Derechos Reprográficos, www.cedro.org) si necesita fotocopiar o escanear algún fragmento de esta obra.

INDICE

INTRODUCCIÓN 9

CAPÍTULO 1. APROXIMACIÓN TEÓRICA SOBRE LA UTILIZACIÓN DE ESPACIOS EN LAS ACTIVIDADES EN EL MEDIO NATURAL 11

    1.1. Conceptos sobre espacios y actividades físicas en el medio natural. De Aventura.. 11

    1.2. Taxonomías sobre espacios y actividades en el medio natural 15

CAPITULO 2. LOS ESPACIOS EN LA ENSEÑANZA DE LAS ACTIVIDADES FÍSICAS EN EL MEDIO NATURAL 25

    2.1. Autores que hablan de espacios educativos para AFMN 25

    2.2. Justificación del uso de los espacios en las AFMN 31

    2.3. Tendencias actuales de las AFMN 35

    2.4. El espacio como recurso metodológico 37

    2.5. Utilización de espacios educativos para las AFMN 39

        2.5.1 La orientación como recurso educativo y como utilización de espacios 39

        2.5.2. Aplicación práctica: La Orientaventura 47

CAPÍTULO 3. INNOVACIONES EDUCATIVAS, RECURSOS ESPACIALES Y MATERIALES PARA LA ENSEÑANZA DE LAS ACTIVIDADES EN EL MEDIO NATURAL 57

CAPÍTULO 4. ESPACIOS CERCANOS AL CENTRO EDUCATIVO PARA LA ENSEÑANZA DE LAS ACTIVIDADES FÍSICAS EN EL MEDIO NATURAL 75

    4.1. Parques infantiles 75

    4.2. Los parques de aventura 86

    4.3. Rocódromos. Instalaciones artificiales para la práctica de la escalada y trepa 106

    4.4. Nuevos espacios para practicar actividades físicas y deportivas en el medio natural o como turismo activo 114

CAPITULO 5. DIFERENTES ESPACIOS PARA REALIZAR ACTIVIDADES FÍSICAS EN EL MEDIO NATURAL. CICLISMO, RUTAS A CABALLO Y SENDERISMO Y NORDIC WALKING 131

    5.1. Espacios para la práctica de la bicicleta 131

    5.2. Espacios naturales 147

    5.3. Conclusiones 150

5.4. Espacios para la práctica del senderismo, Nordic Walking y rutas a caballo 153

CAPITULO 6. CIBERESPACIO PARA LA ENSEÑANZA DE LAS AFMN **159**

6.1. Los códigos QR como ejemplos de atractivos educativos, turísticos y marketing 163

6.2. La realidad aumentada como ejemplos de atractivos educativos, turísticos y marketing.. 168

6.3. Los juegos con GPS como tendencias de innovación educativas: geocaching, geocheckpointing y munzee.. 170

6.4. Ejemplos prácticos de realidad aumentada adaptada al sector educativo y las actividades de turismo al aire libre. 176

6.5. La orientación urbana3.0 178

6.6. Introducción de las nuevas tecnologías en el deporte de orientación. Las tarjetas electrónicas Sportident 191

CAPÍTULO 7. MODIFICACIÓN DE GRANDES ESPACIOS PARA LA PRÁCTICA DE LAS ACTIVIDADES EN LA NATURALEZA..........................197

En la convención de la declaración de los derechos de los niños de la organización de las naciones unidas se lee:

> *"El niño debe disfrutar plenamente de juegos y recreaciones, los cuales deben estar orientados hacia los fines perseguidos; la educación, la sociedad y las administraciones públicas se esforzarán por promover este derecho".*

> Principio 7 de la convención sobre los derechos del niño. Organización de las Naciones Unidas, 1989.

INTRODUCCIÓN

La naturaleza esconde una inmensidad de formas de trabajo, para la utilización de espacios, el disfrute personal y colectivo, descubrimiento de nuevas tendencias, superación personal, etc. Es algo que siempre va estar ahí, pero que puede desaparecer si no aprendemos a interactuar, a respetar, a convivir y a experimentar con ella. Una de las fórmulas para disfrutar con la naturaleza es el desarrollo a través del movimiento, la indagación, experimentación. Nosotros como educadores, no podemos dejar la oportunidad de descubrir esta esencia mediante la actividad física y el deporte en el medio natural.

Tenemos que aportar una alternativa más para intentar frenar el sedentarismo actual que esta peligrando la salud tanto de los infantes como los adultos. Para ello, tenemos que presentar diferentes alternativas para poder contrarrestar estos "vicios no saludables" y proporcionar una correcta vida saludable desde la niñez hasta la longevidad.

Las actividades en la naturaleza se han desarrollado y evolucionado de tal forma, que cada vez hay más interés en practicar y experimentar este tipo de actividades por sus características propias de libertad, búsqueda de nuevas emociones, adrenalina, trabajo en equipo, etc. En la actualidad, hay un mayor interés por explorar, practicar e innovar nuevas tendencias en el medio natural que originan una inquietud que se debe satisfacer a través de los medios de comunicación. Las personas están cansadas de ver en los medios de comunicación sólo los deportes tradicionales y mayoritarios, ahora, prefieren ver programas más atractivos como pueden ser los de aventuras.

Los espacios para la práctica de estas actividades han ido emergiendo muy rápidamente entre nosotros, y ya pueden ser protagonistas muy cerca de nosotros. Podemos encontrarnos espacios específicos de juego en los parques y jardines cercanos a nuestros hogares, plazas, colegios, en centros comerciales, polideportivos, etc.

Por lo tanto, son muchos los espacios de diferentes ámbitos los que pueden servir para disfrutar de la naturaleza y a la vez, ayudarnos a mejorar nuestra calidad de vida.

CAPÌTULO 1. APROXIMACIÓN TEÓRICA SOBRE LA UTILIZACIÓN DE ESPACIOS EN LAS ACTIVIDADES EN EL MEDIO NATURAL.

Conceptos y Taxonomías sobre la utilización de diferentes espacios.

1.1. ACTIVIDADES FÍSICAS EN EL MEDIO NATURAL. DE AVENTURA.

Existe una gran discordancia cuando hablamos del uso de los espacios, son muchos los autores que defienden este uso desde un punto de vista didáctico, deportivo, rendimiento, medio ambiental, etc. Nos vamos a centrar en un punto de partida como son las actividades en el medio natural desde una disciplina pedagógica: espacios, los conceptos de actividad en el medio natural, de aventura, de ocio al aire libre y educación física. Por lo tanto, poder enmarcarlos dentro de una categoría y para poder desarrollar este trabajo, debemos conocer los conceptos que más se aproximan a lo que nosotros andamos buscando y así establecer una serie de criterios de búsqueda o interés. Para ello, se ha realizado una pequeña revisión bibliográfica sobre conceptos que vamos a trabajar:

✓ **Espacio:** según *Trilla (2003.Pp.53)*, "*El espacio es un medio continuo tridimensional, de límites indefinidos, y los elementos que* contiene ocupan una posición referente a unas coordenadas abstractas, respecto a las cuales nos orientamos". La organización espacial depende simultáneamente, de la estructura y la organización propia de las capacidades perceptivo-motrices, de la naturaleza del medio que nos rodea y de sus características.

✓ **Aire libre** (plen air): es el término más antiguo (años 60) y más global. Se define como: "cualquier actividad que se realice fuera de un recinto cerrado". Es un concepto procedente de la escuela francesa, el cual hace referencia a la utilización del medio natural en su sentido más amplio. Otros términos sinónimos pueden ser "escultismo" (perteneciente al movimiento scout) o "outdoor"(en inglés).

✓ **Actividades de ocio al aire libre (turismo activo)**, entendidas por EC-OE (Smulders, Lapeyrere, O'Connor, 2013. Pp. 6): "*las empresas de ocio al aire libre o turismo activo ofrecen a sus* clientes un evento, unas vacaciones, un incentivo de empresa (team building), un programa de outdoor learning u outdoor training, etc".

✓   Se considera **medio natural o entorno natural** (Granero, A. 2003) a: "los espacios no modificados por el ser humano (la alta montaña); los *espacios no modificados excesivamente por el ser humano (la montaña en general); los espacios muy explotados o modificados por el ser humano, en los que ha cesado la actividad humana fundamental (agricultura, ganadería, canteras, minería, etc.) que han sido abandonados".*

✓   **Actividades en la naturaleza:** de mayor popularidad y divulgación que se origina a principio de los años 80. Este concepto es escogido por la mayoría de instituciones educativas. Se define como: "*el conjunto de actividades de carácter interdisciplinar que se desarrollan en contacto con la naturaleza con finalidad eco - educativa, recreativa y deportiva, con cierto grado de incertidumbre en el medio*" (Gómez, V., 1991, pp.146).*Estas actividades son las de mayor popularidad y divulgación, conocidas por la mayoría de instituciones educativas.*

✓   *Aunque podemos añadir algunas matizaciones como Tierra Orta, J. (1996. Pp.163) que la define como el "conjunto de actividades de carácter interdisciplinar que se desarrollan en contacto con la naturaleza, con* **finalidad educativa, recreativa y deportiva,** *y con cierto grado de incertidumbre en el medio".*

✓   **Funollet** (1989.Pp.2), consideraba las actividades en la naturaleza como *"aquellas que se desarrollan fundamentalmente fuera del lugar de residencia, en el medio poco habitado y poco modificado por el hombre, a pesar de que, a veces, sobre todo en los procesos de aprendizaje de algunas técnicas, se utilicen medios artificiales".*

✓   *Aspas (2000, pp.78) expone que a "las actividades desarrolladas en la naturaleza, nos referimos con diversos nombres: deportes de aventura, deporte de riesgo y aventura, turismo deportivo, turismo activo, ocio activo o deportes extremos"*

✓   **Actividad física en el medio natural:** *"las actividades físico-deportivas en la naturaleza tienen, en líneas generales, como objetivo común en desplazarse individualmente o colectivamente hacia un fin más o menos próximo utilizando o luchando contra los elementos que constituyen el entorno físico" (Bernadet. 1991. Pp.410).*

✓   *Olivera y Olivera (1995), propone otro término como "***Actividades físicas de aventura en la naturaleza***, más relacionadas con un aspecto recreativo que intenta englobar este tipo de actividades que representan los* *nuevos valores sociales acordes con la ideología de esta sociedad consumista y sedentaria".*

✓ **Educación Física al aire libre** es el *"conjunto de conocimientos, habilidades, destrezas, técnicas y recursos que permiten desenvolverse o practicar actividades físicas lúdico deportivas en la naturaleza, con seguridad y con el máximo respeto hacia su conservación; disfrutando, compartiendo y educándose en ella"* (Pinos Quilez. 1997, p. 9).

✓ **Educación ambiental:** *"Método para el fomento, para las actitudes positivas hacia la naturaleza, mediante la interpretación y comprensión del entorno"* (González Bernáldez, F. 1987). Podemos citarlo también como *"el proceso formativo que pretende sensibilizar, capacitar, originar o prevalecer actitudes positivas en la relación de la persona con el medio ambiente"* (Ventosa. 2003)

✓ Por otra parte, podemos incluir también los **deportes de aventura**, definidos por autores como Meier, M. (1977); Progen, J.(1979); Mirando, J. (1995); Dupius, J. (1991); Ewert, A. (1995); Freixa, C. (1995); Baroja, V. (1996); Ortúzar, I. (1996); y entre otros, Setién, M. L. (1996), Quiroz, M. (2002), que los define como *"actividades físicas cuyo denominador común es la superación de distintas dificultades en áreas naturales combinando la actividad física intensa con la búsqueda de emociones fuertes".*

✓ Otra definición, esta vez desde el ámbito académico, define el **turismo activo o de aventura** como (Mediavilla, 2012. Pp. 9): *"se entiende por turismo de aventura o turismo activo en España, al servicio relacionado con la actividad turística y deportiva realizada a través de empresas reconocidas y especializadas en actividades físicas y recreativas (barranquismo, parapente, senderismo, etc.), teniendo como escenario, básicamente, el espacio natural y que implica un compromiso de esfuerzo físico asumido y conocido de forma voluntaria por el cliente".*

✓ Desde mediados de los años 90 y hasta la actualidad, el concepto de ***Actividades físicas/deportivas en el medio natural (AFMN) es el*** más adecuado y el que mejor se ajusta para hacer referencia a todo este tipo de actividades. Con este concepto nos quedaremos puesto que, es el que nos sirve de guía tanto para la lectura como para la enseñanza, porque es el título del bloque de contenidos de Secundaria (Real Decreto 1631/2006, de 29 de Diciembre).

CONCEPTO	DEFINICION	AUTOR Y AÑO
Entorno	El espacio es un medio continuo tridimensional, de límites indefinidos, y los elementos que contiene ocupan una posición referente a unas coordenadas abstractas, respecto a las cuales nos orientamos.	Trilla (2003)
Actividades en la naturaleza:	Conjunto de actividades de carácter interdisciplinar que se desarrollan en contacto con la naturaleza, con finalidad educativa, recreativa y deportiva, y con cierto grado de incertidumbre en el medio.	Tierra Orta (1996)
Outdoor Adventure Recreation:	Actividades recreativas que generalmente tienen lugar en un ambiente natural amplio mediante actividades que suponen retos tanto desde el punto de vista emocional como físico, y que utilizan situaciones de riesgo aparente o real cuya culminación, a menudo incierta, puede ser influenciada por las acciones del participante y por las circunstancias.	Ewert (1985)
Actividades deportivas de recreo y turísticas de aventura:	Se consideran actividades deportivas de recreo y turísticas de aventura aquellas que se practican sirviéndose básicamente de los recursos que ofrece la misma naturaleza en el medio en que se desarrollan y a las que les es inherente el factor riesgo.	Decreto 81/1991, 25 de marzo Generalitat de Cataluña
Actividad física en el medio natural:	Las actividades físico-deportivas en la naturaleza tienen, en líneas generales, como objetivo común en desplazarse individualmente o colectivamente hacia un fin más o menos próximo utilizando o luchando contra los elementos que constituyen el entorno físico.	Bernadet (1991)
	Prácticas motrices, con un componente eco físico-educativo, lúdico, recreativo, donde el individuo actúa de forma global e integral, desarrollándose en el medio natural y con una necesidad de conciencia ecológica.	Parra (2001)
Educación ambiental:	Método para el fomento, para las actitudes positivas hacia la naturaleza, mediante la interpretación y comprensión del entorno.	González Bernáldez, F.(1987)
Desarrollo sostenible	La sinergia de principalmente tres entornos: el ambiental, el económico y el social.	Ventosa, V. J. (2003)
Educación Física al aire libre	Conjunto de conocimientos, habilidades, destrezas, técnicas y recursos que permiten desenvolverse o practicar actividades físicas lúdico deportivas en la naturaleza, con seguridad y con el máximo respeto hacia su conservación; disfrutando, compartiendo y educándose en ella.	Pinos, 1997.

CONCEPTO	DEFINICION	AUTOR Y AÑO
Actividades de Turismo Activo	*Las relacionadas con actividades deportivas que se practiquen sirviéndose básicamente de los recursos que ofrece la naturaleza en el medio en el que se desarrollen, a las cuales les es inherente el factor riesgo o cierto grado de esfuerzo físico o destreza.*	**Decreto 20/2002, de 29 de enero turismo activo en Andalucía**
Deporte adaptados al medio natural urbano	*Deportes y actividades que siendo de naturaleza se practican en la "urbe".*	**Gómez,1994**

Tabla 1. Conceptos sobre espacios y actividades en el medio natural de diferentes autores.

1.2. TAXONOMÍAS SOBRE ESPACIOS Y ACTIVIDADES EN EL MEDIO NATURAL.

Propuestas de clasificación:

o   Clasificación general y finalidad de las actividades (en Sánchez Igual, J. E. 2005.pp.50).

o   **Propias del aire libre:** *Básicas y donde se apoyan las demás actividades (fundamentales). Serian las primordiales para disfrutar de otras más complejas. Entre las que destacan: Orientación, Marcha, Acampada (juegos, nudos, construcciones, etc).*

o   **Conocimiento del medio:** *Formación y sensibilización del entorno natural, sendas de interpretación (información visual), recogidas de muestras (campamentos generalmente), áreas de interpretación (parques, reservas, etc....), clases de educación ambiental (todas las personas.), día de limpieza (forma de juego).*

o   **Derivadas de la E.F.:** *Desarrollo de las habilidades y destrezas básicas (HDB), capacidades físicas (CF). Y en general una actitud de cooperación y autoestima: Juegos de aventura (reglas no adaptadas al entorno) y Juegos pre deportivos (reglas adaptadas a un entorno).*

o   **Deportivas:** *actividades deportivas regladas y adaptadas: Voleibol, fútbol, natación, vela, kayak, golf, escalada deportiva, voley-playa, fútbol-playa, kayak-polo, 4x4, B.T.T.*

- o **Complementarias:** ampliación de conocimientos y técnicas que enriquecen las demás actividades: Video/fotografía, talleres, transmisión, informática, primeros auxilios, cocina, técnica de supervivencia.

- o **Alto riesgo:** actividades de final incierto, travesías polares (trineos, esquí), rutas inexploradas (cuevas, selvas...), grandes cumbres (Andes, Himalaya...), vueltas al mundo (bici, pie, globo...), competición de supervivencia, etc.

o Clasificación en función del entorno (en García, P. & Quintana, S. 2005. pp.15).

- o **MONTAÑA:**
  - Alta montaña. (más de 2.500m): ascensiones, esquí, snowboard, escalada, trekking y exploraciones.
  - Media montaña. (entre 1.000-2.000 m): marcha, carrera, esquí, b.t.t., escalada y acampada.
  - Baja montaña. (menos de 1.000m): senderismo, escalada, b.t.t., campamentos, rutas a caballo, quad, astrología, mushing.
  - Dentro de la montaña: barrancos subterrestres, espeleología, espeleología submarina.

- o **AGUA:**
  - Mar: vela, piragua, submarinismo, traineras, kysurf, windsurf, esquí y pesca.
  - Río: hidrospeed, piragua, remo, pesca y rafting.
  - Pantanos o embalses: vela, piragua, esquí, moto acuática pesca, etc.

- o **AIRE:** globos, ultraligeros, paramotor, planeadores, parapentes y paracaidismo, avionetas.

o En función de la finalidad o propósito (García, P. & Quintana, S. 2005. pp.11) distinguen en: Educativas, deportiva y empresarial.

o Según Funollet, F. (1995.pp.126) se clasifican en: "*Determinantes de la actividad deportiva en el medio natural*" y "*Determinantes didácticos de la actividad física en el medio natural*". Este autor también realiza otra clasificación en función de los factores determinantes del tipo de actividad:

Trayectoria (bidimensional, tirdimiensional), Plano (vertical, horizontal, inestable), Elemento (estable, inestable), Contacto (directo e indirecto), Desplazamiento (caminado, cabalgando, en bicicleta, etc).

- Según el grado de dificultad que posee cada actividad para su puesta en acción en la escuela (adaptado de Guillén, Lapetra y Casterad 2000):

    a) Características espaciales: las condiciones espaciales pueden ser accesibles y/o próximos a la actividad o no accesibles y/o próximos a la actividad.

    b) Características del entorno. Se refiere a las características del lugar de la práctica pudiendo ser: artificial, acondicionado (natural con elementos artificiales), semisalvaje (natural limitado o balizado) o salvaje (natural y abierto sin limitaciones).

    c) Las características temporales. Las condiciones temporales que nos exige la práctica real de cada actividad y pueden ser: actividades que requieren una estancia de uno o varios días o por el contrario actividades que se realizan de una forma puntual a modo de sesión de 1 a 3 horas.

    d) Características según la frecuencia de la práctica: nos marca el grado de experiencia, dominio o conocimiento que el practicante tiene de la actividad derivada del número de veces que la ha realizado. Pueden ser: actividades habituales u ocasionales.

    e) Las características materiales: que irá en función de la cantidad y coste del mismo.

    f) Las características cognitivo motrices de las prácticas. Que supongan un aprendizaje más o menos complejo: actividades que exigen un aprendizaje difícil a nivel cognitivo o actividades que exigen un aprendizaje fácil a nivel cognitivo.

    g) Características de los recursos humanos: en función del conjunto de personas expertas que hacen falta para que la actividad se desarrolle con éxito: actividades que requieren a una o más personas responsables expertas y actividades que requieren la presencia de una sóla persona responsable.

- Según los espacios, actividades y sus características **Santos, M.L. y Martínez, L.F.** (2000): esta clasificación habla de tres "contextos-espacios" para desarrollar las Actividades físicas en el medio natural:

✓ *Contexto gimnasio: son centros en la ciudad, que apenas cuentan con posibilidades de acceso al medio natural.*

✓ *Contexto acondicionado: son similares al contexto gimnasio en cuanto a ubicación, pero cuentan con materiales diversos con los que poder recrear distintas situaciones y actividades.*

✓ *Contexto adaptado: posibilidad de acceso al medio natural directa, lo que aporta muchas más opciones de actuación.*

- **Granero & Baena** (2010, pp.68-69), *hacen una clasificación del medio, pudiéndose hablar de dos tipos:*

    A) Medio físico: es el medio natural puro formado por factores naturales (clima, relieve, etc) y factores ecológicos (comunidad de organismos que habitan en la tierra). El medio físico no se puede considerar puro en su totalidad, sino que sufre deterioros por la acción del hombre.

    B) Medio humano: es la variación del paisaje producida por la acción del hombre. Lo clasificamos según el daño que éste ha hecho en el ambiente. Así tenemos:

    ✓ *Medio natural artificial: aquél en que se ha transformado el medio natural dándole un nuevo aspecto, seleccionando la fauna, la flora, o ambas a la vez. Dentro de él encontramos los parques y jardines: vamos a considerar que puede ser el aula de E.F. y puede ser utilizada periódicamente. Hay que observar y conocer el parque para su posterior uso y planificación. Hemos de observar los vegetales, las construcciones, zonas de juego, etc.*

    ✓ *Medio artificial puro: aquel que el ser humano ha variado profundamente desgarrando todo rastro de naturaleza.*

- *Independientemente a que nos refiramos a los espacios de un centro escolar o a las zonas rurales o urbanas del entorno en el que se ubican, se pueden clasificar los espacios en tres tipos o con tres cualidades diferentes: espacios para descubrir, espacios para apropiarse y espacios para modificar y trasformar* (**García Montes**, 2001, pp.14-15):

    ✓ *Espacios para descubrir: son todos los espacios ricos en diversidad, multiplicidad, y combinaciones de sus estructuras físicas [...]*

✓ Espacios para apropiarse: de zonas construidas que se adecuan gracias a las necesidades sociales para reconvertir los espacios públicos abiertos como plazas, paseos, parques, zonas peatonales o recreación, jardines en una apropiación efectiva y afectiva de los mismos.

✓ Espacios para modificar y transformar: no podemos obviar las múltiples posibilidades que nos ofrece la combinación del equipamiento deportivo, así como otros materiales del entorno docente (como mesas, sillas, etc) para la creación de diferentes ambientes que inciten a la práctica físico deportiva.

o Desde una perspectiva educativa, las actividades en la naturaleza se podrían agrupar en 5 niveles, dependiendo del marco en que se desarrollen **(García, P. & Quintana, M.** 2005,pp.12):

✓ Marco cerrado: se desarrollan en el interior del aula o centro, como apoya o información de las que haremos en el campo o como actividades en sí mismas.

✓ Marco abierto: se realizan en plena naturaleza.

✓ Marco mixto: exigen parte de preparación en el centro o en espacios alternativos y otra en el campo.

✓ Marco alternativo cercano: se dan en espacios próximos a los centros de enseñanza, parques, plazas, calles, etc.

✓ Marco alternativo lejano: son las realizadas en instalaciones lejanas al centro, pero acondicionadas, como son los equipamientos ambientales, campamentos, rocódromos, etc.

o *En las zonas escolares podemos encontrar tres espacios de uso habitual por parte del profesor y alumnos* (**Gómez, V**. 2006, pp.19):

✓ El patio del centro escolar donde podemos encontrar elementos de diseño que forman parte de este espacio como son fuentes, postes, muros, vallas y rejas, escalones, etc.

✓ El parque urbano próximo al centro, en donde el césped, la tierra, pendientes, agua, son factores que influyen en la psicomotricidad, lo que se pueden utilizar como ambiente de aventura que propicien en el participante una identificación rápida con este tema (niño superhéroe y adolescente situación de reto.

- ✓ *El gimnasio, polideportivo, o similar, con elementos como columnas, vigas, gradas, ganchos, diferentes alturas, etc. pueden ser utilizados, con buen criterio, como zonas o ambientes educativos que faciliten la consecución de determinadas acciones dentro de los objetivos de los juegos de aventura.*

- o Además podemos añadir a esta clasificación, *el espacio formativo escolar denominado "contexto escolar" que está formado por tres zonas bien diferenciadas y limitadas en donde podemos planificar y desarrollar estas actividades* (en Gómez, V. 2006,pp.13):

    - ✓ *El centro escolar.*
    - ✓ *Las instalaciones deportivas de barrio.*
    - ✓ *Los parques y jardines.*

- o *Existen tres tipos concretos de espacio urbano (***Rovira, C.M.; Amarilla, J.C. & García, R.** 2009, pp.63)*:*

    - ✓ *Cascos antiguos y zonas monumentales: espacios que, por su evidente interés cultural y antropológico, constituyen un activo de primer orden para nuestras ciudades.*

    - ✓ *Parques y espacios verdes: nos centramos aquí en los valores ambientales relacionados con sostenibilidad urbana. Recorridos guiados y de orientación ambiental.*

    - ✓ *Espacios "clandestinos" y zonas peatonales: espacios peatonales y semi peatonales incrustados en el casco urbano.*

- o **Olivera Beltrán (2011, pp.6)** propone cambiar el contexto en el que se va a desarrollar la clase de Educación Física, para ello vamos a contemplar:

    - ✓ Desde el punto de vista macro: la escuela, los espacios del entorno de *la escuela y el medio natural.*

    - ✓ Desde un punto de vista micro: los múltiples y diversos ambientes *que podemos recrear en* cada uno de los escenarios contemplados.

Viendo las diferentes clasificaciones sobre los espacios, nos centraremos en los que nos concierne como docentes que son los espacios educativos, estableciendo una clasificación propia de todos los espacios que se pueden potenciar y utilizar desde el centro educativo hasta su lejanía.

Esta clasificación establece un criterio de proximidad del centro educativo para poder fomentar y realizar actividades del bloque de contenidos de actividades en la naturaleza y así acercar estas actividades al centro educativo mediante innovaciones educativas y unidades didácticas. Además, se añade un criterio de seguridad en función de su exposición al tráfico y la contratación de realizar una actividad por parte de una empresa de turismo activo.

- o Esta taxonomía, establece tres tipos de espacios bien diferenciados, siguiendo a Olivera, J. (2011): el centro educativo, espacios cercanos o lejanos al centro educativo y un espacio natural. Sin embargo, parece propio de dividir o especificar un poco más estos espacios, dividiéndolos por:

    ✓ Espacios cerrados y acotados al tráfico. Por tanto, más seguro para nuestros alumnos.

    ✓ Espacios abiertos al tráfico. En estos espacios debemos extremar las mediadas de prevención y seguridad.

    ✓ Espacios urbanos. Son los espacios dentro de una ciudad, pueblo, etc.

    ✓ Espacios interurbanos. Son los espacios que sirven de conexión entre los espacios urbanos y los espacios naturales.

    ✓ Espacios donde es necesario, por seguridad y legalidad, contratar a una empresa de turismo de ocio al aire libre.

    ✓ Espacios libres que no requieren un monitor o empresa para poder desarrollar una actividad. No obstante, esta opción no es aconsejable cuando pertenecemos a un centro educativo, puesto que en la mayoría de los casos, el seguro de responsabilidad civil no se hace responsable de los posibles accidentes fuera del centro educativo.

Teniendo en cuenta estas adaptaciones, establecemos la siguiente clasificación sirviéndonos de guía para poder desarrollar el trabajo de investigación que se plasma a lo largo de los siguientes capítulos.

TIPO DE ESPACIO	ESPECIFICACIONES			EJEMPLOS DE ESPACIOS
CENTRO EDUCATIVO	CERRADO			GIMNASIO, CLASE, ZOOM, ESPACIOS CLANDESTINOS.
	ABIERTO MIXTO			PATIO DEL RECREO
CERCANOS AL CENTRO EDUCATIVO	URBANOS CERRADOS	ACOTADAS AL TRÁFICO		INSTALACIONES DEPORTIVAS DE BARRIO.
				PARQUE DE BOMBEROS
				PARQUES Y JARDINES INFANTILES.
				PLAYAS
		ESPACIOS ADAPTADOS		ROCÓDROMOS Y EMBARCADEROS
				CENTROS HÍPICOS
				PARQUES DE AVENTURA
				PISTAS Y CIRCUITOS: DE HIELO, BTT O BMX.
	URBANOS ABIERTOS	ABIERTAS AL TRÁFICO		CASCOS ANTIGUOS Y MONUMENTALES.
				ZONAS PEATONALES Y ESPACIOS CLANDESTINOS
				CARRILES BICI
	INTERURBANOS			CARRILLES DE CONEXIÓN
				CORREDORES VERDES
LEJANOS AL CENTRO EDUCATIVO	INTERURBANAS O MIXTO (INTERURBANAS Y NATURALES)	NO DIRIGIDAS POR UN MONITOR		VIAS VERDES
				VIAS PECUARIAS
				LAGOS, EMBALSES Y CAUCES DE RIO
		DIRIGIDAS POR MONITOR O EMPRESA DE TURISMO ACTIVO		CAMINOS PÚBLICOS Y CENTROS BTT
				PARQUES DE AVENTURA
				CAMPAMENTOS Y ALBERGUES JUVENILES
				VIAS FERRATAS Y ESCUELAS DE ESCALADA
				SENDEROS Y CAMINOS.
NATURALES	DIRIGIDAS O NO POR UNA EMPRESA DE TURISMO ACTIVO, PERO EN LA MAYORIA DE LOS CASOS REQUIEREN AUTORIZACIÓN			PARQUES NATURALES
				RESERVAS NATURALES
				PARQUE NACIONAL

Tabla 2. Taxonomías de espacios para las prácticas de las actividades del bloque de contenidos de actividades físicas en el medio natural.

Bibliografía.

Aspas, J.M: (2000). Los deportes de aventura. ¿Deporte o Turismo?. Ponencia En Actas de *V Jornadas Nacionales de Derecho deportivo.* Pp. 77-97.

Bernadet, P. (1991). Des A.P.E. aux A.P.E. Le rapport à l'environnemente comme caratère générique. En actes *des Dauxièmes Assies des Activités Physiques de Pleine Nature.* Toulouse (Francia), pp. 404-413.

Bravo, R., (1996). *La educación física en el medio natural, en Personalización en la educación física.* Madrid: Rialp, S.A.

Decreto 81/1991, 25 de marzo (DOGC núm. 1434, p. 2062, artículo 1). El Departamento de Comercio, Consumo y Turismo de la Generalidad de Cataluña, a través de la Dirección General de Política Lingüística.

Decreto 1467/2007, del 2 de noviembre, por el que se establece la estructura del Bachillerato.

Decreto 20/2002, de 29 de enero turismo en el medio rural y turismo activo en Andalucía

Ewert, (1985).En Actividades físicas en la naturaleza: un objeto a investigar. Dimensiones científicas. Miranda, J.; Lacasa, E.& Muro, I. Revista *Apunts. Educación Física y Deportes* 1995 (41) pp. 53-69.

Funollet, F. (1995). Propuesta de clasificación de las actividades deportivas en el medio natural. Revista Apunts. Educación física y deportes. (41).pp.124-129.

García Montes, M.E. (2009). Los espacios, convencionales y no convencionales, para la práctica físico-deportivo-recreativa. Tándem didáctica de la educación física. (30), pp. 9-21.

García, P. y Quintana, M. (2005). *Introducción a las actividades en la naturaleza.* Sevilla: Wanceulen.

Gómez, A. (2006). El senderismo. Actividad física organizada en el medio natural. En Sáez Padilla, J., Sáenz-López Buñuel, P. y Díaz Trillo, M.(Eds), *Actividades en el Medio Natural.* Huelva: Servicio de Publicaciones de la Universidad de Huelva, 145-156.

Gómez, A. (1994). Deporte y medio ambiente. Coordenadas para el ocio y el tiempo libre en el siglo XXI. Conferencia en *Jornadas Unisport sobre ocio y recreación. Málaga. Unisport Andalucía.*

Gómez, V. (2006). *Juegos y actividades de reto y aventura en el contexto escolar.* En *Actividades en el medio natural.* Pp.9-22.Sáez, J.; Sáenz-López, P. & Díaz, M. Huelva. Universidad de Huelva publicaciones.

Guillén, R.; Lapetra, S.; Casterad, J.; (2000). Actividades en la naturaleza. Barcelona: Inde.

Granero, A. (2007). Una aproximación conceptual y taxonómica a las actividades físicas en el medio natural. Revista Digital: Educación Física y Deportes. Año 12. (107). Buenos Aires.

Granero, A. & Baena, A. (2010). Actividades físicas en el medio natural. Teoría y práctica para la educación física actual. Sevilla. Wanceulen.

Mediavilla, L. (2012). Áreas de influencia del turismo activo. Madrid: Editorial Académica Española.

Olivera, J. (2011). Escenarios y ambientes de la educación física. Apuntes para el Siglo XXI. Apunts. Educación física y Deportes (103), pp.5-8.

Oliveira, J. y Oliveira, A. (1996). Aproximación a una clasificación conceptual de las actividades de aventura en la naturaleza. Conferencia en III Congreso de la Asociación Española de Investigación Social aplicada al deporte: Los retos de las ciencias sociales aplicadas al deporte. Investigación social y deporte. Nº 2. Pamplona: Aeisad.

Parra Boyero, M. (2001). Programa de actividades físicas en la naturaleza y deportes de aventura para la formación del profesorado de segundo ciclo de secundaria. Universidad de Granada. Tesis doctoral.

Parra Boyero, M.; Luque Valle, P. & Rovira Serna, C. (2002). Aproximación taxonómica de las actividades física en la naturaleza en centros educativos. Retos. Nuevas Tendencias en Educación Física, Deporte y Recreación, (2), pp. 6-14.

Pinos Quílez, M.; (1997). Actividades y juegos de Educación Física en la naturaleza. Madrid: Gymnos.

Pérez, R. (coord.). (2011). Actividades físico-deportivas en el medio natural. Propuestas de acción educativa. Alcalá de Guadaira. Sevilla. Editorial MAD.

Quiroz, M. (2002). Las actividades físico-deportivas de aventura (AFA). Aproximación inicial a la reflexión sobre los deportes de riesgo (en línea). Revista digital: Educación física y deportes. Recuperado de http: //www.efdeportes.com. Año 8. (52). Buenos Aires.

Rovira, C.M.; Amarilla, J.C. & García, R. (2009) El espacio físico urbano como territorio didáctico en educación física escolar. Tándem. Didáctica de la educación física (30), pp. 61-69.

Sánchez Igual, J.E. (2005). Actividades en el medio natural y educación física. Sevilla. Wanceulen.

Santos, M.L. y Martínez, L.F. (2000). Los conocimientos previos adquiridos en la formación inicial: la formación teórica de actividades en el medio natural. En Contreras Jordán, O. La formación inicial y permanente del profesor de Educación Física. Cuenca. Ediciones de la Universidad de Castilla-La Mancha. Vol. 1, (pp. 465-479).

Smulders, H., Lapeyrere, J.-Y., O'Connor, A. (2013). Non-regulatory measures related to the safety of outdoor leisure activities in the EU. Final report. Huldenberg (Belgium).

Tierra Orta, J. (1996). Actividades recreativas en la naturaleza. En A. Soto Rosales, (coord.), Educación Primaria: actividades en la naturaleza (pp. 159-171). Huelva: Universidad de Huelva.

Trilla, J. (2003). El aula como espacio educativo. Cuadernos de pedagogía. Pp.52-55.

Ventosa, V.J. coord. (2003). Manual del Monitor de Tiempo libre. Madrid. Editorial CCC.

CAPITULO 2. LOS ESPACIOS EN LA ENSEÑANZA DE LAS ACTIVIDADES FÍSICAS EN EL MEDIO NATURAL.

Las actividades en la naturaleza se han desarrollado y evolucionado de tal forma, que cada vez hay más interés en practicar y experimentar este tipo de actividades por sus características propias de libertad, búsqueda de nuevas emociones, adrenalina, trabajo en equipo, etc. Este interés social por practicar actividades en el medio natural ha tenido una especial valoración en la educación, gesto que ha hecho que se integre en los diseños curriculares de los sistemas educativos tanto de Primaria como de Secundaria, Bachillerato y Formación Profesional, etc.

Además y siguiendo a Olivera, J. (2011.pp.6):

> *"El uso del medio natural y su adaptación escolar como escenario facilitador de experiencias al aire libre con propósitos educativos, hasta llegar a la aplicación y adaptaciones de las AFMN en la Educación Física escolar, presenta una larga tradición en otros países como Estados Unidos y que se puede remontar incluso hasta Platón (Neill, 2004; Outward Bound, 2006; Zmudy, Curtner-Smith y Steffen, 2009). En cambio en España, aún seguimos a remolque de las tendencias que nos llegan a cuentagotas de otros países como Francia, Dinamarca o Suecia, donde estos contenidos son casi más importantes que los tradicionales del área.*

2.1. AUTORES QUE HABLAN DE ESPACIOS EDUCATIVOS PARA AFMN.

Su importancia también ha motivado el interés de autores, que en la mayoría de los casos, se han declinado a realizar y darle importancia a estas actividades por su gran valor educativo. Sobre todo, fuera de España, algunos autores llevan demostrando desde hace años los beneficios educativos producidos por estas actividades y deportes en el ámbito escolar (Ewert y Heywood, 1991; Bronson, *et al.*, 1992; Priest, 1996; Meyer y Wenger, 1998; Hatch y Macarthy, 2005).

> *Además, podemos confirmar que las actividades en la naturaleza, los deportes de aventura y sus aplicaciones didácticas y educativas, han sido bien estudiadas por diversos autores (Bronson, Gibson, Kishar y Priest, 1992; Hatch y McCarth, 2005; Anglada, 2008a, 2008b; entre otros), dando lugar a diversos programas y propuestas a lo largo del mundo.(Olivera, J.2011).*

Por otro lado podemos proponer algunas afirmaciones acerca de estas actividades y su uso del espacio o medio natural:

- **Martínez Osma** (1996), propuso *"el aprovechamiento de espacios en los centros educativos y deportivos mediante el deporte de orientación: ...como en muchos casos sería dificultoso disponer de un espacio en la naturaleza y de su respectivo mapa, es más probable la consecución de otro lugar de trabajo, como puede ser un parque o el recinto de un centro educativo, más concretamente un patio".*

- **Farías y Torrebadella** (1995. Pp.138), afirman que *"podemos imitar a la naturaleza confeccionando de forma artificial un espacio natural."*

- *"Consideramos que el entorno urbano y natural como espacio físico, puede llegar a convertirse en un aula más, ya que los valores y las actitudes han de educarse siempre en contextos reales, donde el alumnado interacciona con los otros, con el entorno y su realidad"* **(Sequeiros,** 1996**).**

- *"La aventura en cualquiera de sus facetas implica adentrarse en territorios de lo desconocido y eso cautiva inmediatamente a los alumnos y al profesor, aglutinando ante sí, diferentes logros y vivencias, generando espacios comunes de ocio y diversión".* **(Parra M. Y Rovira C.M.** 2002 Pp.53). Además, estos autores hablan sobre los valores educativos de las actividades físicas en el medio natural.

- **Santos Pastor**, **M.L.** (2002), *"es la estrecha vinculación que existe entre la actividad física y el medio natural, cuya labor, en este caso, es educativa y formativa desde la globalidad. El papel del medio será el de servir de escenario y ofrecer un contexto de aprendizaje singular, mientras que la acción motriz será la que permita acceder al mismo."*

- Siguiendo a **Santos Pastor, M.L.** (2002). "El papel del medio en las instalaciones educativas *se emplearan desde tres puntos de vista: recurso metodológico, eje temático y eje pedagógico.*"

- Como acertadamente destaca y enfatizan **Benito** (2009) y **Romero** (2009), *"el profesorado debe actualizarse en su materia en un mundo rápidamente cambiante... y crear, adaptar y seleccionar espacios y materiales garantizando la seguridad en el desarrollo de las actividades."*

- Según **Canto et al.** (1996). *"La utilización de otros espacios para la realización de las sesiones de orientación son beneficiosas por su conexión en otras áreas."*

- **Blández, J** (1995) defiende la idea de que *"los espacios y los materiales pueden llegar a generar las propias tareas".*

- En **Parra, C.** (2008). *"Se recomienda llevar una buena progresión en el espacio de juego. Es interesante que la progresión pedagógica sea desde entornos pequeños y cercanos hacia entornos grandes y alejados. En relación a las escalas, decir que debemos pasar de mapas sin escala (croquis del gimnasio, aula, patio) o de una gran relación con la realidad (1:500) a mapas de menor relación con la realidad (1:10000) en entornos naturales.*

    Gimnasio--- patio del centro---- periferia del centro--- parque--- bosque fácil sin escala----1: 500-1000----1:1000-2000---1:5000-----1:10000----1:15000."

- *"Dentro del gran elenco de actividades posibles que se pueden desarrollar en nuestro entorno, podemos diferenciar las actividades que se pueden desarrollar igual en el aire libre como en un recinto cerrado; y aquellas en las que el entorno es determinante e influyente para desarrollar una actividad concreta"* (adaptado de **Baena, A. y Calvo, J.F.** 2008. Pp.2).

- **Lagardera** (2002.Pp.73) asegura que en los siglos XIX y XX, *"el deporte se ha caracterizado por desarrollarse principalmente en un ámbito urbano; en cambio, en las últimas tres décadas se ha comenzado a descubrir a la naturaleza como un espacio deportivo, lo cual ha supuesto que se 'deportivice' la naturaleza salvaje; es decir, se 'desnaturalice'."*

- Además de los beneficios en población adulta, *"el medio natural también tiene un gran potencial educativo en el ámbito escolar*

"(Parra, Domínguez y Caballero, 2008; Parra, Rovira, Ortiz y Pérez, 2000; Santos y Martínez, 2006).

- *"El uso del medio natural como escenario facilitador de experiencias al aire libre con propósitos educativos, donde se incluyen actividades de reto, aventura y supervivencia, presenta una larga tradición, sobre todo en Estados Unidos y que se puede remontar incluso hasta Platón"* **(Neill, 2004; Outward Bound, 2006; Zmudy, Curtner-Smith y Steffen, 2009).**

- *"El desarrollo de las nuevas y variadas actividades físico-deportivas en contacto con el medio natural tienen cada vez más importancia y repercusiones a nivel sociocultural"* **(Luque, P, Baena, A, Granero, A., 2011. Pp.534).**

- La demanda de actividades deportivas en el medio natural está en aumento y han comenzado a desarrollarse en estos últimos años. *"Existe una asociación de las nuevas tendencias deportivas en el medio natural a fenómenos culturales y tendencias filosóficas o de forma de vida"* **(Olivera, J. et al., 1995.Pp.5; Olivera, J.** 2011, pp.7).

    "La educación física [...] tiene la responsabilidad de establecer múltiples y variados escenarios que estimulen la motricidad más espontánea junto a otros escenarios que promuevan una motricidad dirigida. En ambos métodos se requiere cambiar el contexto en el que se va a desarrollar la clase [...], para ello vamos a contemplar desde el punto de vista macro tres tipos de escenarios: la escuela, los espacios del entorno de la escuela y el medio natural. Y desde el punto de vista micro, los múltiples y diversos ambientes que podemos recrear en cada uno de los escenarios contemplados."

- *"El medio urbano se convierte en un mundo urbano para practicar las actividades en la naturaleza, existiendo una infinidad de sitios, como por ejemplo: en los parques, jardines de infancia, parque de bomberos, en las zonas verdes, en los puentes, en las casas, en los colegios e Institutos."* **Parra, C. (2009b).**

- *"El medio urbano no es un destacado agente de formación, sino el entorno educativo por excelencia."* **Trilla, J** (2003.pp.52).

- *"Se trata de la recuperación de entonos urbanos próximos al enclave de los centros escolares (casco antiguos y zonas monumentales, parques, espacios verdes, paseos marítimos y playas, espacios "clandestinos" y calles peatonales entre otras múltiples opciones geográficas y mobiliario urbano) como espacios propios para desarrollar ciertos contenidos de las clases de educación física"* **(García Montes, M.E .2009a.Pp.13).**

- **Fernández, E & Merino, R. (2000)** *"advierten que los espacios deportivos de los centros de enseñanza, en excesivas ocasiones son meros límites físicos-restrictivos que solo permiten llevar a cabo determinadas actividades marginando otras"*

- **Gómez, V. (1996).** *"En la creación de entornos para los juegos de aventura habla de espacios (patio del centro escolar, parque urbano próximo al centro y gimnasio, polideportivo y similar) y de materiales y equipamientos. Por lo tanto, podemos hacer dos grupos: Infraestructura y material. En el primero se han encuadrado tres ambientes diferentes: entorno cercano, entorno lejano al centro educativo y el propio centro escolar".*

- Según **Valvuena,** citado por Duarte (1997), subraya que en *"los objetivos del currículum de Primaria y Secundaria se hace referencia especial a la necesidad de conocer la ciudad así como a valorar el patrimonio urbano desde el punto de vista del análisis ambiental."*

- Según **García, H.** (2008.Pp.100), *"si la población urbana tiene dificultades para acudir con asiduidad al medio natural, traigamos el medio natural a la ciudad". Estas nuevas tendencias constructivas se dirigen claramente a la imitación del medio natural en el entorno urbano, ofreciendo construcciones tematizadas relacionadas con los elementos esenciales del medio natural.*

- *"La ciudad no es un espacio de tránsito, de habitación o de negocios; la ciudad está para usarla y explotarla pedagógicamente pues así damos a una visión de lo que les rodea, ayudándole a nuestros alumnos a descubrir lo que hasta ahora era invisible."* **(Rovira, C.M.; Amarilla, J.C. & García, R.** 2009,*pp.62)*

AUTOR/ES Y AÑO	DEFINICION
Martinez Osma. 1996	Aprovechamiento de espacios en los centros educativos y deportivos a través del deporte de orientación.
Sequeiros. 1996	Consideramos que el entorno urbano y natural como espacio físico, puede llegar a convertirse en un aula más.
Farías y Torrebadella (1995)	Afirman que podemos imitar a la naturaleza confeccionando de forma artificial un espacio natural.
Parra M. Y Rovira C.M. 2002	La aventura permite genera unos espacios comunes de ocio y diversión.
Santos Pastor, M.L. 2003	El papel del medio será el de servir de escenario y ofrecer un contexto de aprendizaje singular
Santos Pastor, M.L. 2002	El papel del medio en las instalaciones educativas se emplearan desde tres puntos de vista: recurso metodológico, eje temático y eje pedagógico.
García, P. & Quintana, M. 2005	Las actividades en la naturaleza se podrían agrupar en 5 niveles: marco cerrado, marco abierto, marco mixto, marco alternativo cercano y marco alternativo lejano.
Benito (2009) y Romero (2009)	El profesorado debe crear, adaptar y seleccionar espacios y materiales garantizando la seguridad en el desarrollo de las actividades.
Canto y cols.(1996),	Por lo tanto, podemos ver que la utilización de otros espacios para la realización de las sesiones de orientación son beneficiosas por su conexión en otras áreas.
Blández, J. 1995.	Los espacios y los materiales pueden llegar a generar las propias tareas.
Parra, C. 2008.	Recomienda una buena progresión en la elección del espacio de juego: orientación.
Baena, A. y Calvo, J.F. 2008	Diferencian actividades que se pueden desarrollar igual en el aire libre como en un recinto cerrado; y aquellas en las que el entorno es determinante e influyente para desarrollar una actividad concreta.
Lagardera .2002	Se ve a la naturaleza como un espacio deportivo, lo cual ha supuesto que se 'deportivice' la naturaleza salvaje
Granero & Baena 2010	Clasifican el medio en: medio físico y medio humano: medio natural artificial y medio artificial puro.
AAVV. (2000); (2006) y (2008).	El medio natural tiene un gran potencial educativo en el ámbito escolar además de aportar una serie de beneficios.
AAVV (2004); (2006) y (2009)	El uso del medio natural como escenario facilitador de experiencias al aire libre con propósitos educativos.
Luque, P, Baena, A, Granero, A. 2011.	Las nuevas actividades físico-deportivas en contacto con el medio natural tienen cada vez más importancia y repercusiones a nivel sociocultural.
Olivera et al. 1995. 2011.	Existe una asociación de las nuevas tendencias deportivas en el medio natural a fenómenos culturales y tendencias filosóficas o de forma de vida. Considera tres tipos de escenarios: la escuela, los espacios del entorno de la escuela y el medio natural.

AUTOR/ES Y AÑO	DEFINICION
Parra, C. 2009	El medio urbano se convierte en un mundo urbano para practicar las actividades en la naturaleza.
García Montes, M.E. 2009	La recuperación de entonos urbanos próximos al enclave de los centros escolares como espacios propios para desarrollar ciertos contenidos de las clases de educación física.
Trilla, 2003	El medio urbano no es un destacado agente de formación, sino el entorno educativo por excelencia.
Fernández, E & Merino, R. 2000	Advierten que los espacios deportivos de los centros de enseñanza, en excesivas ocasiones son meros límites físicos-restrictivos que solo permiten llevar a cabo determinadas actividades marginando otras.
Gómez, V. 1996	En la creación de entornos para los juegos de aventura habla de espacios (patio del centro escolar, parque urbano próximo al centro y gimnasio, polideportivo y similar) y de materiales y equipamientos. Por lo tanto, podemos hacer dos grupos: Infraestructura y material. En el primero se han encuadrado tres ambientes diferentes: entorno cercano, entorno lejano al centro educativo y el propio centro escolar.
Valvuena, citado por Duarte (1997)	Según, subraya que en los objetivos del currículum de Primaria y Secundaria se hace referencia especial a la necesidad de conocer la ciudad así como a valorar el patrimonio urbano desde el punto de vista del análisis ambiental.
García, H. 2008	Si la población urbana tiene dificultades para acudir con asiduidad al medio natural, traigamos el medio natural a la ciudad.
Rovira, C.M.; Amarilla, J.C. & García, R. 2009	La ciudad no es un espacio de tránsito, de habitación o de negocios; la ciudad está para usarla y explotarla pedagógicamente pues así damos a una visión de lo que les rodea, ayudándole a nuestros alumnos a descubrir lo que hasta ahora era invisible.

Tabla 3. Resumen sobre autores que hablan sobre los espacios educativos.

2.2. JUSTIFICACIÓN DEL USO DE LOS ESPACIOS EN LAS AFMN.

Por otra parte, la justificación del uso de espacios para la práctica de actividades físicas en la naturaleza la encontramos como bloque de contenidos en los distintos Decretos de Educación.

> "El medio natural es un entorno excepcional para divertir, recrear, fomentar la cooperación, la socialización y la autoconfianza de los alumnos además de poder trabajar las cualidades físicas básicas. Por otro lado, estas prácticas nos brindan la posibilidad de conocer entornos cercanos a nuestras ciudades a través de juegos y deportes, otro de los objetivos de la actual LOMCE" (Parra, C. 2012).

En lo que respecta a las etapas educativas, podemos ver como las actividades en la naturaleza aparecen de una forma directa o indirecta en la LOMCE y en los diversos Decretos de Educación:

•**En Primaria (según Decreto R. Decreto 1513/2006).** Las actividades en la naturaleza es un bloque de contenido del curriculum de Primaria pero además, se puede justificar como: una actividad de educación ambiental, como una actividad creadora de buenos hábitos saludables, dentro de la educación física de base como un medio para educar en la estructuración del espacio/tiempo, como una actividad lúdica, como una actividad física de iniciación deportiva, etc.

ACTIVIDADES EN LA NATURALEZA	
BLOQUE DE CONTENIDOS	**RELACIÓN**
Salud	Salud ambiental y creación de hábitos saludables.
Conocimiento y desarrollo corporal.	E. Física de Base. (estructuración de Espacio/Tiempo).
Juego.	Juegos para la iniciación deportiva en el medio natural.

Cuadro 1. Relación de contenidos y las actividades en la naturaleza.

•**En Secundaria (según R. Decreto 1631/2006).** Las actividades en la naturaleza es también un bloque de contenidos específico aunque indirectamente podemos relacionarlos con los demás bloques de contenidos de Secundaria.

•**En Bachillerato (según R. Decreto1467/2006).** Estas Actividades se relacionan directamente en el segundo bloque de contenidos "Actividad física, deporte y tiempo libre". En este curso, los alumnos deben saber organizar y llevar una actividad en el medio natural, entre otras competencias. Además, estas actividades en la naturaleza, puede ser una salida profesional relacionada con la actividad física desde dos puntos de vista:

- Como iniciación y formación en el deporte que se realiza en la naturaleza: en una pared, en una sima o cueva, en el río, en el mar, en la nieve, etc. El discente, se puede formar en un club y continuar su vida profesional trabajando como iniciador o entrenador de este tipo de actividades.

- Como recreación y ocio en las empresas de turismo activo. El alumno puede formarse hasta llegar a ser monitor de actividades en la naturaleza.

Con esto y a través de este trabajo, podemos reflexionar sobre las posibilidades que tiene el profesor de educación física para poder desarrollar los contenidos específicos de actividades en la naturaleza sin tener que desplazarse muy lejos de su centro educativo.

Podemos decir también que este tipo de actividades físicas en el medio natural que se han de promover en la escuela debe ser un contenido más, susceptible de desarrollarse tanto en un ámbito escolar, como extraescolar. Su característica principal, afirma Santos Pastor, M.L. (2003),

"...es la estrecha vinculación que existe entre la actividad física y el medio natural, cuya labor, en este caso, es educativa y formativa desde la globalidad. El papel del medio será el de servir de escenario y ofrecer un contexto de aprendizaje singular, mientras que la acción motriz será la que permita acceder al mismo".

Por otra parte, y tras ver, las necesidades y dificultades que tiene un docente para desarrollar los diferentes contenidos relacionados con el medio natural y siendo conscientes de la multitud de problemas que puede ocasionar la elección del espacio e instalaciones escolares, para desarrollar los contenidos, no sólo los innovadores sino también los más utilizados por los profesores, que según un estudio de Baena, A & Granero, A. (2009.pp.736) son: senderismo, orientación, bicicleta de montaña y escalada. Nos vemos con la necesidad de innovar nuevos espacios, alternativas o soluciones ante esta necesidad; dar herramientas necesarias para poder valorar y sacar mayor provecho a los espacios e instalaciones.

Se trata de la recuperación de entornos urbanos próximos al enclave de los centros escolares (casco antiguos y zonas monumentales, parques, espacios verdes, paseos marítimos y playas, espacios "clandestinos" y calles peatonales entre otras múltiples opciones geográficas y mobiliario urbano) como espacios propios para desarrollar ciertos contenidos de las clases de educación física (García Montes, M.E.2009b.Pp.10).

Esto requiere una exploración del entorno que nos rodea y un análisis de las potencialidades didácticas: tanto motrices, como personales, actitudinales, competenciales que hace que un espacio se convierta en un escenario de aprendizaje, que permitan la participación e interacción recreativa del individuo con otros colectivos. No es más que la gestión de unos espacios o una adecuación de las actividades a las características propias del espacio, para sacarle el máximo provecho, no limitándose sólo al uso convencional o alternativo de las instalaciones propiamente deportivas, sino adecuando espacios que no se utilizan o son producto de un cambio por parte del docente mediante una innovación didáctica y una adaptación segura tanto de la actividad como del espacio. Con esto, *"gracias al conocimiento del entorno urbano mediante su exploración dinamizada podemos conseguir una mayor implicación en nuestro alumnado en la mejora de su entorno vital".* (Rovira, C.M.; Amarilla, J.C. & García, R. 2009, pp.62)

Para esto, y siguiendo a García Montes, M.E. (2009b.Pp.12), podremos aprovechar mejor estos espacios sí:

- *Sabemos adecuar la actividad a las características propias del espacio.*

- *Exploramos las posibilidades de los espacios no convencionales siendo respetuosos con el medio urbano, periurbano o natural.*

- *Somos capaces de realizar un análisis crítico de los pros y contras del uso de los espacios públicos, no convencionales, para las diferentes prácticas.*

- *Conocemos técnicas novedosas de gestión y aprovechamiento de recursos materiales, espaciales y humanos, así como innovaciones educativas sobre los contenidos de las actividades en el medio natural.*

- *Estar al tanto de las distintas posibilidades de establecer relaciones institucionales e interdisciplinares que: abaraten costos, ayuden a la promoción, ofrezcan nuevas alternativas a la práctica, fomenten posibilidades de práctica de diferentes sectores de población, recuperen los espacios públicos para todo tipo de ciudadanos...*

- *Aprendemos a programar y organizar sesiones o unidades didácticas aprovechando los recursos espaciales potenciales de nuestros núcleos urbanos y de las zonas naturales.*

2.3. TENDENCIAS ACTUALES DE LAS AFMN.

Además, podemos justificar el uso de estos espacios y actividades en el medio natural con las tendencias actuales de la sociedad, que persiguen un interés por practicar estas actividades buscando (adaptado de Parra, C. 2012, pp.98):

- *La necesidad de romper con lo cotidiano*. Estamos inversos en una sociedad de consumo y rutina laboral que hace que busquemos estas actividades para "cambiar el ritmo" y hacer algo diferente con lo que podamos disfrutar y "desconectar" de la rutina.

- *Un tiempo libre* (mejor estructuración de la vida). Sin duda, con los cambios y convenios laborales, nos hemos visto beneficiados para poder organizar y planificar mejor nuestro tiempo libre.

- *Un Comercio* con el que adquirir un material específico, un medio de transporte y una experiencia. Con ello, crece una gran exigencia en la calidad del servicio y del entorno, por eso, cada vez más, los materiales y las actividades tienen que tener un respaldo de seguridad como las homologaciones (Normas ISO, UIIA, etc.). Actividades segurizantes.

- *Unos espacios habilitados.* Cada vez son más los espacios modificados y habilitados para realizar estas prácticas en un marco diferente.

- *La práctica de un deporte alternativo en un entorno natural* para buscar profundas sensaciones y emociones, que suscitan en la mayoría de los casos, una invención de una actividad física o deporte nuevo, como una alternativa a los tradicionales y una búsqueda de las sensaciones fuertes.

- *Unas motivaciones específicas* de los turistas que actualmente prefieren aprovechar su periodo vacacional en un conjunto de actividades diversas, en definitiva se busca una experiencia incorporando aspectos medioambientales. Esto hace que se creen más que nunca, empresas que se dediquen a la organización de actividades para dar soluciones a tal inquietud (turismo rural, deportes aventura, alquileres, etc.).

- *Un método alternativo de entrenamiento* (entrenamiento total, método natural de Hebert, para pretemporadas, etc.).

- *Un cambio en las actitudes de las personas* para realizar actividades en el tiempo libre y en el medio natural, debido a una mejora de los niveles de formación e información de los ciudadanos.

- *Una mejora de la Salud* (como medio para prevenir enfermedades). "Un paseo en el parque una pastilla menos". Actualmente, la gran mayoría de las personas piensan en cómo mejorar su salud, siendo las actividades en el medio natural una de las alternativas más saludables para todas las personas.

- *<u>Un alto grado de libertad</u>* en todo su proceso y realización por ser unas actividades complejas de vida.
- *<u>Una práctica masiva de las actividades en la naturaleza</u>* porque son acciones que la pueden hacer todo el mundo.

Cuadro 2. Motivaciones de la práctica masiva de actividades en la naturaleza adaptado de Guillen, R; Lapetra, S. y Casterad, J. 2000.

Desde otro punto de vista, según Rebollo, S. (2008, pp. 59), aparecen nuevas tendencias prácticas deportivas en el medio natural, pudiéndose definir desde dos perspectivas distintas: perspectiva del practicante y perspectiva de las prácticas:

PERSPECTIVAS	CARACTERÍSTICAS
PERSPECTIVA DEL PRACTICANTE	Aumento del número de practicantes. Diferentes intereses. Diferentes ámbitos de procedencia. Diferentes características socio demográficas.
PERSPECTIVA DE LAS PRÁCTICAS	Consolidación de prácticas tradicionales. Proliferación de nuevas tendencias. Importancia de la tecnología. Diversificación de recursos naturales utilizados. Incidencia en el medio ambiente.
PERPECTIVA DEL ÁMBITO DE ACTUACIÓN	Educativo Turístico Rendimiento

Tabla 4. Perspectiva del practicante y perspectiva de las prácticas de actividades en el medio natural. Rebollo, S. (2008, pp. 59),

Aunque la principal tendencia que nos importa es la de adaptar las actividades físicas en el medio natural en las urbes sin necesidad de desplazarnos hacia la naturaleza; ya que estos espacios para la práctica de estas actividades, han ido emergiendo muy rápidamente, siendo protagonistas en jardines y parques, plazas, colegios, en centros comerciales, polideportivos, etc. Por lo tanto, son muchos los espacios de diferentes ámbitos los que pueden servir para disfrutar de la naturaleza y a la vez, ayudarnos a mejorar nuestra calidad de vida.

2.4. EL ESPACIO COMO RECURSO METODOLÓGICO.

Desde el punto de vista educativo, según Díaz Lucena, J (2002, pp.253):

> *"En el marco del centro escolar y en su entorno próximo se pueden desarrollar contenidos referidos a las características del medio natural y a las posibilidades que este nos ofrece como lugar de disfrute y de prácticas de actividades…". Con esto y a través de este trabajo, podemos reflexionar sobre las posibilidades que tiene el profesor de educación física para poder desarrollar los contenidos específicos de actividades en la naturaleza sin tener que desplazarse muy lejos de su centro educativo.*

Podemos decir también que este tipo de actividades físicas en el medio natural que se han de promover en la escuela debe ser un contenido más, susceptible de desarrollarse tanto en un ámbito escolar, como extraescolar. Por lo tanto, Siguiendo a Santos Pastor, Mª. L. (2003), podemos hacer una progresión metodológica siguiendo los siguientes pasos:

1. En primer lugar habrá que acercarse a las acciones psicomotores realizando acciones en diversos espacios escolares y naturales, cuyo fin es no sólo ofrecer múltiples opciones espaciales, sino contactar con las características que cada espacio ofrece y adaptarse a él de forma global. Nos situaríamos ante AF **para/en** el MN.

2. En un segundo nivel, introduciremos al alumnado a una motricidad basada en acciones motrices específicas del medio natural en espacios escolares. Principalmente, tipos de desplazamiento en condiciones conocidas (trepas, gateos, reptaciones). Haríamos referencia a AF **para** el MN.

3. En un tercer nivel estaremos en condiciones de favorecer un contacto con el medio natural desde un enfoque global de la motricidad. Estamos ante AF **en** el MN.

4. Una vez adaptados a las condiciones variables del entorno y desplazarse en él, podremos proponer el desarrollo de actividades con un mayor contenido técnico, teniendo siempre presente que constituyen medios educativos que han de permitir el desarrollo global e integral del individuo. Podremos hablar de AF **del** MN si se realiza en espacios escolares o artificiales; y, AF **en** MN si se desarrollan en el MN bajo un enfoque educativo global y no especializado.

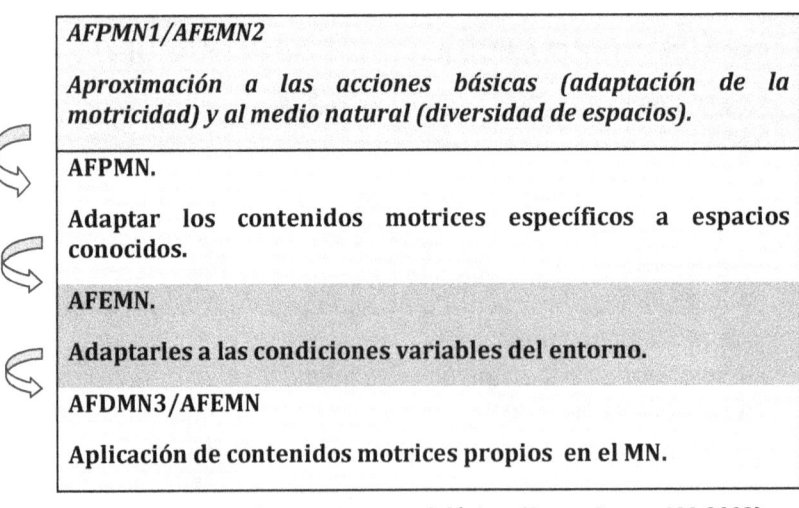

Cuadro 3 adaptado. Recursos metodológicos (Santos Pastor, M.L.2002)

> 1. **AFPMN:** actividad física **para** el medio natural.
>
> 2. **AFEMN:** AFMN en los programas escolares. Actividad física **en** el medio natural.
>
> 3. **AFDMN:** Actividades **del** medio natural.

2.5. UTILIZACIÓN DE ESPACIOS EDUCATIVOS PARA LAS AFMN.

Desde una perspectiva educativa, las actividades en la naturaleza se podrían agrupar en 5 niveles, dependiendo del marco en que se desarrollen García, P. & Quintana, M. 2005. Pp.12:

1) Marco cerrado: se desarrollan en el interior del aula o centro, como apoya o información de las que haremos en el campo o como actividades en sí mismas.

2) Marco abierto: se realizan en plena naturaleza.

3) Marco mixto: exigen parte de preparación en el centro o en espacios alternativos y otra en el campo.

4) Marco alternativo cercano: se dan en espacios próximos a los centros de enseñanza, parques, plazas, calles, etc.

5) Marco alternativo lejano: son las realizadas en instalaciones lejanas al centro, pero acondicionadas, como son los equipamientos ambientales, campamentos, rocódromos, etc.

En función de esta clasificación desarrollaremos diversas propuestas didácticas o contenidos en función de los marcos donde se desarrollen.

2.5.1. La orientación como recurso educativo y como utilización de espacios.

Desde el inicio de los tiempos, todos los seres vivos han necesitado orientarse para su supervivencia. Las personas necesitan orientarse para ir al trabajo, al colegio, al médico (dentro de los hospitales resulta una odisea encontrar la sala de rayos x). La orientación se convierte en una habilidad imprescindible y utilitaria, esencial y como una actividad en el medio ambiente natural (Acuña, 1991). El sistema educativo actual, se ha dado cuenta de la importancia de este contenido y ha querido protagonizar este temario en el currículo. Además, podemos seguir los pasos de:

> *Martínez Osma (1996), que propuso el aprovechamiento de espacios en los centros educativos y deportivos mediante el deporte de orientación: "...como en muchos casos sería dificultoso disponer de un espacio en la naturaleza y de su respectivo mapa, es más probable la consecución de otro lugar de trabajo, como puede ser un parque o el recinto de un centro educativo, más concretamente un patio".*

Por lo tanto, tenemos claro que es un temario que se tiene que enseñar y es más, los contenidos de orientación junto con los de senderismo, son los que más desarrollan los docentes en las clases de actividades en el medio natural en Secundaria (Granero, A. et al. 2009). Lo que no tenemos claro, bien por falta de formación específica del profesorado o por otras razones, es el orden en el que estos contenidos deben ir presentándose al alumno y como se van estructurando en los espacios educativos desde un entorno cercano a un espacio lejano, es decir, como secuenciamos los objetivos en un determinado espacio para favorecer la progresión metodológica en la enseñanza del alumnado.

Para obtener una buena secuenciación de los contenidos de orientación y una buena utilización de los espacios en función del contenido, nos podemos guiar de lo que dice el currículo del sistema educativo, los expertos de la materia y de las experiencias de los profesores o profesionales de las actividades en la naturaleza.

1. <u>Justificación del deporte de orientación en los bloques de contenidos en primaria, secundaría, bachillerato y enseñanzas universitarias.</u>

<u>En Primaria</u>, según los contenidos del Real Decreto 1513/2006, no identificamos, de forma directa, la orientación en ningún ciclo de Primaria. De manera indirecta, podemos relacionarlas con algunos contenidos:

Bloque 1: El cuerpo: imagen y percepción.

- ✓ Posibilidades sensoriales. Exploración y discriminación de las sensaciones.
- ✓ Nociones asociadas a relaciones espaciales y temporales. Percepción espacio-temporal.
- ✓ Posibilidades perceptivas. Exploración de las capacidades perceptivas y su relación con el movimiento.
- ✓ Organización espacio-temporal.

✓ Estructuración espacio-temporal en acciones y situaciones motrices complejas.

Bloque 5. Juegos y actividades deportivas.

✓ Participación en juegos e iniciación a la práctica de actividades deportivas.

✓ Tipos de juegos y actividades deportivas. Realización de juegos y de actividades deportivas de diversas modalidades y dificultad creciente.

En Secundaria, según el Real Decreto 1631/2006, los contenidos de orientación comienzan a tener más protagonismo, siendo uno de los contenidos más utilizados en el bloque de contenidos de actividades en la naturaleza. Parece obvio, los contenidos que se deben desarrollar en estos curso puesto que se regulan en las enseñanzas mínimas del currículo. Podemos ver a continuación, los contenidos de orientación en los diferentes cursos y un breve comentario de las actividades que se pueden realizar en este curso:

➢ En primer curso:

- Realización de recorridos a partir de la identificación de señales de rastreo.

Podemos incluir algunas nociones de orientación, puesto que este primer curso dedica sus contenidos a la iniciación del senderismo y desplazamientos. Por lo tanto, podemos comenzar con las primeras nociones de orientación espacial mediante juegos de señales de rastreo. Por lo tanto, debemos realizar unidades didácticas en el primer ciclo de Secundaria en el que existan una gran variedad de juegos de rastreo como búsquedas del tesoro, juegos sensoriales, juegos de interpretación de los elementos del patio o en sus inmediaciones antes de introducirlos en el deporte de orientación, etc.

➢ En segundo curso:

- Realización de recorridos preferentemente en el medio natural.

En este curso, debemos realizar un esfuerzo para sacar a los alumnos a un entorno natural cercano para que puedan practicar algunas de las actividades sobre todo, de senderismo en un parque o en un marco alternativo cercano. Se aprovecha para explicar algunos de los recursos naturales y artificiales que existen para orientarse en el medio natural, aunque esto pueda darse en 1º de ESO como introducción a la orientación.

Además, en este curso, en el bloque de contenidos de Juegos y Deportes, se debe enseñar un deporte individual distinto a la anterior etapa. Por lo tanto, podría ser el deporte de orientación un contenido si el docente eligiese este deporte.

➢ En tercer curso:

- Normas de seguridad para la realización de recorridos de orientación en el medio urbano y natural.

- Realización de recorridos de orientación, a partir del uso de elementos básicos de orientación natural y de la utilización de mapas.

- Aceptación de las normas de seguridad y protección en la realización de actividades de orientación.

Como vemos, el tercer curso es el que más contenidos tiene referidos a la iniciación a la orientación. Dentro del desarrollo de las unidades didácticas sobre orientación debemos integrar otras series de contenidos o temas transversales como la Educación Ambiental y el respeto del medio ambiente, así como fomentar unos valores que ayuden a la educación integral del alumno.

➢ En cuarto curso:

- Participación en la organización de actividades en el medio natural de bajo impacto ambiental, en el medio terrestre o acuático.

- Realización de las actividades organizadas en el medio natural.

En el último curso, podemos pedir que los propios alumnos nos ayuden a montar las carreras de orientación así como participar en alguna prueba de los circuitos de orientación.

En Bachillerato, según ORDEN de 5 de agosto de 2008, podemos ver los contenidos de orientación.

c) En el entorno natural. Los contenidos se relacionan con:

✓ Aspectos generales y específicos que se deben considerar en la organización de actividades en el medio natural. En este curso, son los alumnos los que deberían ser los protagonistas en la organización de las sesiones de orientación, preparando ellos mismos las sesiones.

- ✓ El perfeccionamiento y profundización en actividades especificas del medio natural: senderismo, orientación, acampada, iniciación a la escalada. Es el mejor momento de motivar a los alumnos as participar en los circuitos provinciales de orientación de forma independiente o bien formar parte de un club.
- ✓ El conocimiento de lugares e instalaciones para la práctica adecuada de actividades físicas en su tiempo de ocio. La instalación de este deporte es el medio natural y el medio urbano por tanto, le propondremos actividades como el raid multiaventuras, y rally fotográficos.

En Formación Profesional, hay dos módulos de grado medio y superior:

- ✓ En el grado medio, en la titulación Técnico en conducción de actividades físico-deportivas en el medio natural, actualmente, no existe tal asignatura y ha sido incorporada como temario de la asignatura de juegos, incorporándose algunas sesiones de orientación.
- ✓ En lo que respecta a la titulación de grado superior de técnico superior en animación de actividades físicas y deportivas (TSAAFD), en esta formación ocurre exactamente lo mismo que el grado medio, siendo un mayor número de sesiones.

Aun así, los contenidos relacionados con orientación son insuficientes para poder iniciar a la orientación.

En las enseñanzas universitarias de ciencias de la actividad física y deporte (CCAFD) y en los nuevos grados de educación física, aparecen inversas los contenidos de orientación en las asignaturas de Actividades físico recreativas en el medio natural. Puesto, que la orientación es una materia obligatoria de enseñanza, según las enseñanzas mínimas de los correspondientes Decretos de Educación, en las clases de Educación Física de Primaria, Secundaria y Bachillerato, los alumnos de las enseñanzas universitarias deben conocer la metodología y todos los contenidos básicos de orientación. Lo que sí es verdad, es que hay poco tiempo destinado para enseñar esta materia resumiéndose en algunos casos como máximo 5 sesiones de estos contenidos.

2. <u>Contenidos y aplicaciones didácticas para la enseñanza de la orientación para las diferentes etapas educativas.</u>

Una vez orientados de los contenidos que se deben de tratar en las diversas etapas educativas, proponemos una secuenciación de contenidos y utilización de espacios, a través de unos cuadros resumen en función de los diferentes marcos propuestos por García, P.& Quintana, M. (2005. Pp.12), que servirán de guía para la progresión didáctica de dichas sesiones de orientación en las diferentes etapas educativas tanto obligatorias como no obligatorias. Además, con estos cuadros se permiten ver la consonancia entre los diferentes autores, el desarrollo de las técnicas y tácticas de orientación (modificado de Parra, C. 2014).

En relación a los contenidos conceptuales, podemos secuenciar los contenidos y utilizar los espacios en los diferentes marcos de la siguiente forma:

CONTENIDOS CONCEPTUALES	ETAPA/CURSO	ESPACIO
✓ Los puntos cardinales.	PRIMARIA/1º ESO	Marco cerrado
✓ Recursos para orientarse naturales y artificiales.	1º DE ESO	Marco cerrado o mixto
✓ La orientación.	2º DE ESO /ENSEÑANZAS UNIVERSITARIAS (EU).	Marco cerrado
✓ El deporte de orientación. Modalidades deportivas.	2º DE ESO/ BACHILLERATO/EU	Marco mixto.
✓ El mapa de orientación. Simbología.	2º DE ESO	Marco cerrado.
✓ Elementos básicos en el deporte de orientación	2º DE ESO	Marco alternativo cercano
✓ La brújula.	3º DE ESO/EU	Marco mixto
✓ Técnicas y tácticas básicas en el deporte de orientación.	3º DE ESO *	Marco mixto o marco alternativo lejano
✓ Elementos específicos del deporte de orientación.	4º DE ESO/ BACHILLERATO/EU	Marco alternativo lejano o marco abierto
✓ El GPS.	4º DE ESO/ BACHILLERATO/EU	Marco mixto
✓ Raid de aventuras. Orientaventura	4º ESO / BACHILERATO/EU	Marco alternativo cercano o marco abierto
✓ Técnicas y tácticas específicas en el deporte de orientación.	BACHILLERATO/EU	Marco alternativo lejano o marco abierto
✓ Orientación Dufour.	BACHILLERATO/EU	Marco mixto.
✓ Raid fotográfico.	BACHILLERATO/EU	Marco mixto o marco alternativo lejano
✓ Evolución histórica del deporte de orientación.	BACHILLERATO/EU	Marco cerrado

Tabla 5. Contenidos conceptuales para la enseñanza del deporte de orientación. (adaptado de Parra, C. 2014).

*Estos contenidos se podrán trabajar en 2º de ESO, si el docente elige el deporte de orientación como deporte individual que se debe dar en ese curso, según Real Decreto 1631/2007(adaptado de Parra, C. 2014).

En relación a los contenidos conceptuales, podemos secuenciar los contenidos y utilizar los espacios en los diferentes marcos de la siguiente forma:

CONTENIDOS PROCEDIMENTALES	ETAPA/CURSO	ESPACIO
✓ Identificación de estímulos sonoros y localizarlos en un espacio.	PRIMARIA	Marco cerrado
✓ Juegos de percepción espacio-temporal.	PRIMARIA/1º ESO	Marco mixto
✓ Realización de juegos de rastreo a partir de diferentes indicios.	1º ESO	Marco mixto
✓ Orientación mediante la rosa de los vientos.	1º DE ESO	Marco cerrado
✓ Orientación en el mapa y en el espacio.	2º ESO/EU	Marco mixto
✓ Orientación a lo largo de elementos guía sencillos (caminos, sendas, ríos).	2º DE ESO	Marco mixto o marco abierto
✓ Uso de elementos básicos de orientación natural y de la utilización de mapas.	2º DE ESO/EU	Marco mixto
✓ Realización de mapas o croquis de la clase, colegio, gimnasio o patio.	3º DE ESO/EU	Marco cerrado
✓ Interpretación simbólica básica y general	3º DE ESO/EU	Marco mixto
✓ Manejo de la brújula.	3 Y 4º DE ESO/EU	Marco mixto
✓ Cálculo de los elementos específicos de orientación.	3º ESO/EU	Marco cerrado
✓ Identificación del terreno-mapa / mapa-terreno	4º ESO/BACHILLERATO/EU	Marco alternativo
✓ Lectura continúa del mapa.	4º DE ESO/BACHILLERATO/EU	Marco alternativo cercano
✓ El reglamento.	4º DE ESO/BACHILLERATO/EU	Marco cerrado
✓ Interpretación simbólica especifica de orientación.	BACHILLERATO/EU	Marco alternativo
✓ Realización de diferentes técnicas y tácticas de orientación: estimación de distancias, memorización, rutas a seguir entre las balizas, etc.	BACHILLERATO/EU	Marco alternativo
✓ Realización de recorridos a partir de planos Dufour	BACHILLERATO/EU	Marco mixto
✓ Orientación a lo largo de elementos guía complejos (vaguadas, espolones, bosques, campo a través).	BACHILLERATO/EU	Marco alternativo lejano
✓ Metodología didáctica para la enseñanza del deporte de orientación	ENSEÑANZAS UNIVERSITARIAS	Marco mixto
✓ Normas de seguridad para la organización y realización de recorridos de orientación en el medio urbano y natural.	ENSEÑANZAS UNIVERSITARIAS	Marco mixto
✓ Aspectos generales y específicos que se deben considerar en la organización de actividades en el medio natural.	ENSEÑANZAS UNIVERSITARIAS	Marco cerrado

Tabla 6. Contenidos procedimentales para la enseñanza del deporte de orientación. (adaptado de Parra, C. 2014).

Los contenidos actitudinales se introducen prácticamente en todos los cursos mediante las competencias y educación para la ciudadanía, relacionados con el respeto del medio ambiente.

Finalmente, las enseñanzas universitarias sobre el deporte de orientación aparecen en casi todos los contenidos ya que en esta etapa, se debe dar un pequeño repaso de todos los contenidos, objetivos, competencias y metodología para la enseñanza didáctica de las actividades físicas en el medio natural, que se pueden dar en Secundaría y Bachillerato. Existen contenidos a nivel deportivo que se deberían incluir en las enseñanzas universitarias como las técnicas y tácticas específicas así como el reglamento de este deporte.

2.5.2. Aplicación práctica: La Orientaventura.

Desde el inicio de los tiempos, todos los seres vivos han necesitado orientarse para su supervivencia. Un animal tenía que salir de su hogar para recoger o cazar alimentos y luego volver a su casa, con la necesidad de orientarse. Una planta necesita la luz para poder vivir, por eso se orienta hacia el sol. Las personas necesitan orientarse para ir al trabajo, al colegio, al médico. Por lo tanto, orientarse se convierte en una habilidad imprescindible para el ser humano que la precisa para poder sobrevivir en la "jungla" (Parra, C. 2008b).

La orientación se ha convertido en uno de los principales temas de los bloques de contenidos en Secundaria y Bachillerato y son muchos los Institutos que se inscriben en los circuitos de orientación de la distintas Diputaciones. Además, es una actividad muy motivante para los alumnos porque consiguen desenvolverse en un medio no urbano a través de un deporte que consiste en ir encontrando una serie de controles.

En este sentido, daremos un paso más con respecto a lo que hemos aprendido en otras asignaturas de Magisterio, asignaturas de Técnico Superior y Medio de actividad física y deportes, módulos de monitores deportivos, etc. Además, sirve para dar una serie de aplicaciones didácticas en marco cerrado y marco alternativo cercano y lejano (García, P. & Quintana, M. 2005).

A lo largo del desarrollo de este trabajo, justificaremos la aplicación de este contenido y objetivos tanto en Secundaria como en Bachillerato, explicando en qué consiste una orientaventura y realizando una aplicación práctica para secundaria.

La práctica consiste en una carrera de orientación por equipos, en el que deben realizar un recorrido con mapa y brújula en el que se incluyen puntos de control (tipo score) y varias pruebas especiales que los participantes pueden superar para conseguir más puntos o más balizas. El recorrido es completamente libre, pero el tiempo para realizarlo es limitado, de tal forma que es imposible completar todos los puntos de control o visitar todas las pruebas especiales, por lo que cada equipo plantea su estrategia y elige realizar lo que considera más conveniente.

Para llevar estas pruebas combinadas al ámbito educativo, más concretamente, en Secundaria, se debe limitar el espacio y reducir la escala del mapa, de tal forma que la prueba se realice en un parque cercano o en un entorno natural limitado. Para poder aclarar esta idea, proponemos una actividad de este tipo que se llevo a cabo en un parque de Sevilla para los alumnos de 5º de la licenciatura de Ciencias de la Actividad Física y Deportes de la Universidad de Sevilla. Para estructurar la actividad nos marcamos unos objetivos, contenidos, materiales, etc. Parra, C (2008b).

- **Objetivos de la sesión.**

- Vivenciar diferentes formas de actividades de orientación

- Para los voluntarios, experimentar un montaje de una actividad de orientación.

- Disfrutar con este tipo de actividades.

- Repasar conceptos básicos de orientación.

- **Contenidos de la sesión.**

1. Orientación en score.

2. Orientación por rumbo.

3. Ghymkana de orientación.

4. Orientación memorizada.

5. Utilización de mapas y brújulas.

6. Actividades y juegos de orientación con mapas.

- **Organización de las actividades.**

Contamos con balizas, de las cuales 15 se colocan en mapa, las restantes no estarán en el mapa pero sí en la hoja de ruta, debiendo localizarlas a partir de pruebas de orientación propuestas por la organización.

Las pruebas que deben realizar son las siguientes:

- **Juegos de ingenio.** Esta prueba consiste en solucionar una serie de problemas matemáticos (al menos dos). Tendrá un valor de 25 puntos además de la puntuación de la baliza.

- **Orientación memorizada.** Consiste en memorizar un croquis (mapa) donde hay una serie de balizas (pegatinas con letras) que deben buscar. Estas balizas tiene un código de control específico para prueba. Puntuación: Si consiguen la prueba (encontrar 4 balizas) 10 puntos además de los puntos de las balizas encontradas en dicha prueba.

- **El baúl mágico.** Se ponen dos mantas con 20-25 objetos. En la primera manta se ponen los objetos y la segunda cubre estos objetos. El grupo debe memorizar los objetos en un intervalo de tiempo de 10". Luego, se taparán los objetos y el grupo debe nombrar los 20 objetos sin olvidarse ninguno. El voluntario tendrá un listado de los objetos que irá marcando, confirmando que lo han memorizado. Puntuación: 20 puntos.

- **Rumbos.** Consiste en adivinar 5 rumbos con sus grados y sus pasos en función de un lugar inicial (aro) y 6-7 estafetas colocadas alrededor del aro. Puntuación: Prueba realizada 15 puntos.

- **Orientación pintada.** Consiste en realizar un recorrido de orientación donde las balizas están pintadas con tizas con números y letras. En cada baliza existe un código y el rumbo de la siguiente baliza, de tal forma que la última baliza sea el código que estemos buscando con lo que tenemos que picar en la ficha de control. Puntuación: 25 puntos además de la baliza conseguida.

- **Testigo fotográfico.** Se le proporciona al equipo una coordenada donde está la baliza, aunque esta sea un objeto o un lugar donde tiene que hacer una foto. Puntuación: 10 puntos.

- **Perímetro:** Se le proporciona al alumno un perímetro expresado entre dos ángulos y una distancia y deben de encontrar una baliza. Puntuación: 20 puntos y el valor de la baliza.

- **En busca de la baliza buena.** Se distribuyen en un perímetro de diez metros diferentes balizas con sus respectivos códigos, de tal forma que el orientador sólo tiene que pinzar los códigos que le diga el monitor (cuatro códigos verdaderos). Tendrá tres minutos para encontrar por parejas y en relevos los códigos verdaderos. Puntuación: 10 puntos más el valor de las balizas encontradas.

- Además, podemos realizar otras pruebas u otras orientaciones como por ejemplo, orienta-oca, orienta-pic, juegos de las parejas de orientación, mapa en altura, mapa sesgado y reci-puzz-claje (en Jiménez, M. & Tinoco, M. 2011).

- **Desarrollo de la actividad.**

Una vez que todas las balizas y voluntarios (para supervisar y desarrollar las pruebas) están distribuidos por el parque, se le facilitarán a los equipos (parejas o tríos) los mapas. A cada equipo se le dará 5 a 10 minutos para planificar el bucle de la prueba ya que no van a tener tiempo suficiente para realizar todas las balizas y pruebas. A continuación, se dará la salida a todos los equipos que deben hacer la mayor puntuación posible en un tiempo de una hora y media.

- **Normas de la prueba.**

    - Ganará el grupo que consiga ganar más puntos en el menor tiempo posible (tiempo establecido por la organización). Cada grupo contará con una hoja de ruta, especificando la puntuación de cada baliza / prueba, el código de control y las observaciones al respecto, un mapa, una brújula y una ficha de control (firmas).

    - Para realizar una prueba tienen que conseguir un mínimo de tres balizas.

    - Si hay un grupo en una prueba, tenemos que esperar hasta que el grupo que está en ella termine. No puede haber más de dos equipos esperando.

    - No se puede seguir a los equipos.

- No quitar, esconder o desplazar las balizas, así como las pegatinas.
- Respetar la naturaleza.
- Cada voluntario en las pruebas decidirá si se ha completado o no, realizando la puntuación pertinente.
- Se establecerá un tiempo de llegada, que a partir del cual se irá penalizando a los equipos: 5 puntos por cada minuto tarde.
- Si el equipo no permanece junto se penalizará con -30 puntos.
- Si el equipo no pasa por la baliza obligatoria se penalizará el triple de lo que valga la baliza.

- **Recursos.**

Humanos.

Para el desarrollo de esta actividad se debe contar con al menos 5 voluntarios para el desarrollo de las mismas. Además, el profesor debe estar supervisando la prueba, penalizando si fuera necesario a los grupos que no respeten las normas.

Materiales.

El material necesario expuesto a continuación es para una clase de ESO, entre 25-30 alumnos. Los materiales que nos harán falta son los siguientes: 10 fichas de control, 10 hojas de ruta, 10 mapas, cinta de balizar, bolígrafos, 20 objetos, una cámara de fotos, 10 brújulas, 10 estafetas, 3 paquetes de pegatinas, un cronómetro, 5 voluntarios y una caja de tizas.

- **Conclusión de la experiencia.**

✓ Esta actividad es totalmente aplicable en cualquier entorno cercano al centro educativo, e incluso dentro de éste.

✓ Es una actividad que no requiere mucho material y recursos económicos.

✓ Puede desarrollarse de una forma interdisciplinar con otras asignaturas.

✓ Fomenta la cooperación, coeducación y el trabajo en equipo (temas transversales).

✓ Es una actividad donde se repasan conocimientos sobre actividades y juegos de orientación.

Bibliografía.

Acuña, A. (1991). Manual didáctico de actividades en la naturaleza. Sevilla: Wanceulen.

Benito (2009) En Granero, A., Baena, A., Ruiz P.J., Flores, G. (2009). Los contenidos de actividades en el medio natural en el aula de Enseñanza Secundaría Obligatoria. Comunicación en Actas del VIII Congreso Internacional sobre la enseñanza de la Educación Física y el Deporte. Universidad de Ceuta.

Baena, A. & Calvo, J. F. (2008). Elaboración y construcción de materiales para el bloque de contenidos de Actividad Física en el Medio Natural: el rocódromo de escalada. Espiral. Cuadernos del Profesorado, 1(1), pp.1-8.

Baena-Extremera, A. & Granero-Gallegos, A. (2011). Propuesta didáctica para el trabajo de la orientación deportiva en los centros educativos. Trances, 3(6):pp.735-750

Blández, J (1995). La utilización del material y del espacio en educación física. Barcelona. Inde.

Bronson et al,1992; Hatch y McCarth, 2005; Anglada, 2008a, 2008b; entre otros) En Olivera, J. (2011). Escenarios de la educación física . Apunts. Educación Física y Deportes., (103). 1.er trimestre, pp. 5-8.

Canto, A.; Granda, J.; Ramírez, V. y Barbero, J. C. (1999). Los recorridos de orientación urbana, un acicate para animación a una práctica deportiva continuada sin límites. Lecturas: Educación Física y Deportes, 14. Disponible en: http://www.efdeportes.com/efd14/ orient1.htm.

Díaz Lucena, J (2002). En Sáez, J.; Sáenz-López, J.& Díaz, M. (2006). Actividades en el medio natural. Universidad de Huelva Publicaciones. Pp. 256.

Ewert y Heywood, 1991; Priest, 1996; Meyer y Wenger, 1998; Hatch y Macarthy, 2005). En Olivera, J. (2011). Escenarios de la educación física . Apunts. Educación Física y Deportes., (103). 1.er trimestre, pp. 5-8.

Decreto 20/2002, de 29 de enero, de Turismo en el Medio Rural y Turismo Activo en Andalucía. BOJA Núm. 14 de 2 de febrero de 2002. (pp. 1640). Recuperado de URL: http://juntadeandalucia.es

Domínguez, G., Caballero, P. y Parra, M. (2007). Actividades físicas cooperativas en la naturaleza. Estrategias para educar en valores. Actas VII Congreso Internacional sobre la enseñanza de la educación física y el deporte escolar. I, pp. 1-4. Badajoz.

Farías, E. y Torrebadella, X (1995) Hacia una metodología de análisis de los espacios deportivos naturales susceptibles a la práctica de actividades físicas de aventura en la naturaleza. Apunts: educación física y deportes. (41) Pp.137-140. Barcelona. Generalitat de Cataluña.

Fernández, E y Merino, R. (2000). Los centros de enseñanza: núcleos espaciales mal diseñados y desaprovechados para la práctica deportiva. En actas I Congreso Nacional de Deporte en edad escolar. Dos hermanas Sevilla.

García Montes, M.E. (2009a). Re-creación de materialización del espacio temporal de la recreación física. En Manzón, V. et al. Reflexiones y perspectivas de la enseñanza de la educación física y el deporte en el nuevo milenio. Pp.63-85. Santander. ADEF Cantabria.

García, M. E. (2009b). Los espacios, convencionales y no convencionales, para la práctica físico-deportivo-recreativa. Tándem didáctica de la educación física. (30) Pp.9-21

García, H. (2008). Dirección de los recursos naturales para la práctica de actividades físicas y deportivas. Conferencia: Construcciones deportivas relacionadas con el medio natural. Nuevas tendencias. Aguado, A.M. y López Arroyo, J.J. En La formación en la profesión de educación física escolar. (pp.95-101).Palencia. Patronato Municipal de Deportes. Ayuntamiento de Palencia.

García, P. y Quintana, M. (2005). Introducción a las actividades en la naturaleza. Sevilla: Wanceulen.

González, A. (2014). Nuevas Tendencias en Turismo: Nuevas Oportunidades de Negocio. En IV Encuentro internacional de empresas de Turismo Activo. (pp.37-58). Bollullos de la Mitación. Sevilla.

Gómez, V. (1996). Adaptación de los espacios escolares para los juegos y actividades de aventura. Conferencia en I jornada sobre dinamización deportiva en el centro escolar. Dos hermanas (Sevilla).

Gómez, V. (2006). Juegos y actividades de reto y aventura en el contexto escolar. En Actividades en el medio natural. Sáez, J.; Sáenz-López, P. & Díaz, M. Huelva. Universidad de Huelva publicaciones.

Granero, A. & Baena, A. (2010). Actividades físicas en el medio natural. Teoría y práctica para la educación física actual. Sevilla.Wanceulen.

Granero, A.; Baena, A. & Martínez, M. (2010). Contenidos desarrollados mediante las actividades en el medio natural de las clases de Educación Física en Secundaria Obligatoria. Agora para la educación física y el deporte, 12(3), pp.273-288.

Granero, A.; Baena-Extremera, A.; Ruiz Montero, P.J.& Flores, J. (2009). Los contenidos de actividades en el medio natural en el aula de educación secundaria obligatoria. Comunicación en VII Congreso internacional sobre la enseñanza de la educación física y el deporte escolar. Ceuta.

Guillen, R; Lapetra, S. y Casterad,J. 2000. Actividades en la naturaleza. Inde. Barcelona.pp.23.

Jiménez, M. & Tinoco, M. (2011). Orientación y propuestas educativas. En Pérez, R. (coord.) (2011). Actividades físico-deportivas en el medio natural. Propuestas de acción educativa. Alcalé de Guadaira (Sevilla).Editorial MAD.

Neill, J.T. (2004) Experiential learning cycles. [en línea]. Disponible en: http://www.wilderdom.com/theory/ExperientialLearningCycles.html.

Outward Bound (2006). En Granero, A., Baena, A., Ruiz P.J., Flores, G. (2009). Los contenidos de actividades en el medio natural en el aula de Enseñanza Secundaria Obligatoria. Comunicación en Actas del VIII Congreso Internacional sobre la enseñanza de la Educación Física y el Deporte. Universidad de Ceuta.

Lagardera, J. (2002). Desarrollo sostenible en el deporte, turismo y educación física. Apunts Revista de educación física y deportes. (67). Pp.70-81.

Ley Orgánica 8/2013, de 9 de diciembre, para la mejora de la calidad educativa. LOMCE, 2013. BOE nº 279.

Luque, P, Baena, A, Granero, A., (2011). Buenas prácticas para un desarrollo sostenible en los eventos deportivos en el medio natural. Interciencia. (36). Nº7, pp.534.

Martínez Osma (1996) La práctica del deporte de orientación en centros educativos y deportivos. Madrid. Editorial Gymnos.

Olivera, J. (2011). Escenarios de la educación física. Apunts. Educación Física y Deportes., (103). 1.er trimestre, pp. 5-8.

Olivera, J et al. (1995). Las actividades físicas de aventura en la naturaleza: análisis sociocultural. Apunts. Educación Física y Deportes. (41), pp. 5-8.

Olivera, A., Olivera, J. (1998). Análisis de la demanda potencial de las actividades físicas de aventura en la naturaleza en la ciudad de Barcelona. Apunts: Educación Física y Deportes, nº 52, pp. 92-102.

Parra, C (2008a). Organización y aplicaciones prácticas del deporte de orientación en secundaria. Comunicación en actas del VI Congreso Internacional y nacional de "EL AULA NATURALEZA EN LA EDUCACIÓN FÍSCA ESCOLAR". Escuela Universitaria de Educación de Palencia de la Universidad de Valladolid.

Parra, C (2008b). La orientaventura aplicada en Secundaria y Bachillerato. Comunicación en actas del VI Congreso Internacional y nacional de "EL AULA NATURALEZA EN LA EDUCACIÓN FÍSCA ESCOLAR". Escuela Universitaria de Educación de Palencia de la Universidad de Valladolid.

Parra, C. (2009a). Propuestas prácticas para la enseñanza del deporte de orientación (en línea). Revista digital educación física y deportes. Disponible en:http://www.efdeportes.com. Año 13 - Nº 128.Buenos Aires

Parra, C. (2009b). Nuevos espacios para practicar las actividades en la naturaleza en actas del VIII Congreso Internacional sobre la enseñanza de la Educación física y el deporte escolar. Pp.6-8. Ceuta.

Parra, C. (2012) Las actividades en la naturaleza. Nuevas tendencias para comunicar. En Marín Montín, J. (coord.) (2012) Deporte, comunicación y cultura. Pp.96-119. Zamora (España). Ed. Comunicación Social.

Parra, C. (2014). Secuenciación de los contenidos de orientación en las diferentes etapas educativas. X Congreso Internacional de Ciencias del deporte y la Educación física. Pontevedra. , 8,9,10 de Mayo. Departamento de Didácticas específicas de la Universidad de la Coruña y Sportis. Formación deportiva.

Parra, M. y Rovira, C. (2002). Jugando con fuego. Propuestas pedagógicas al calor de las sensaciones de aventura. Tándem, 6, 51-64.

Pérez, R. (coord.) (2011) Actividades físico-deportivas en el medio natural. Propuestas de acción educativa. Alcalá de Guadaira. Sevilla. Editorial MAD.

Querol. S, Marco, J.M. (1998) Créditos variables de actividades en la naturaleza: orientación y escalada. Barcelona. Colección educación Física & Enseñanza. Ed. Paidotribo.

R. Decreto 1513/2006, de 7 de Diciembre, por el que se establecen las enseñanzas mínimas de la Educación Primaria.

R. Decreto 1631/2006, de 29 de diciembre, por el que se establecen las enseñanzas mínimas correspondientes a la Educación Secundaria Obligatoria.

R. Decreto 1467/2007, del 2 de noviembre, por el que se establece la estructura del Bachillerato.

Romero (2009) en Granero, A., Baena, A., Ruiz P.J., Flores, G. (2009). Los contenidos de actividades en el medio natural en el aula de Enseñanza Secundaría Obligatoria. Comunicación en Actas del VIII Congreso Internacional sobre la enseñanza de la Educación Física y el Deporte. Universidad de Ceuta.

Rovira, C.M.; Amarilla, J.C. & García, R. (2009) El espacio físico urbano como territorio didáctico en educación física escolar. Tándem. Didáctica de la educación física (30), pp. 61-69.

Santos, M.L. y Martínez, L.F. (2000). Los conocimientos previos adquiridos en la formación inicial: la formación teórica de actividades en el medio natural. En Contreras Jordán, O. La formación inicial y permanente del profesor de Educación Física. Cuenca. Ediciones de la Universidad de Castilla-La Mancha. Vol. 1, (pp. 465-479).

Santos, M.L. & Martínez, L.F. (2002). La educación física y las actividades en el medio natural. Consideraciones para un tratamiento educativo (I). Revista digital Educación física y deportes (49). Buenos Aires.[en línea]. http://www.efdeportes.com

Santos Pastor, M. L. (2003). Las actividades en el Medio Natural en la Educación Física Escolar. Sevilla. Wanceulen.

Santos, M.L. y Martínez, L.F. (2011). Aprendizaje integrado de las actividades en el medio natural desde las competencias en la ESO. Tándem: Didáctica de la educación física, 36, Pp. 53-60.

Salguero, A. (1990). Manual básico de orientación. Deporte y aventura en la naturaleza. Granada. Club de orientación Veleta.

Sequeiros, L. (1996). Transversalidad y el área de ciencias de la naturaleza de la educación secundaria obligatoria: Salud, consumo y Medio Ambiente. Córdoba: ICE, Universidad de Córdoba.

Trilla, J. (2003). El aula como espacio educativo. Cuadernos de pedagogía. Pp.52-55.

VVAA (1996). Deporte de orientación. Ministerio de Educación y Ciencia. Consejo Superior de Deportes.

Valvuena, citado por Duarte (1997) En Granero, A., Baena, A., Ruiz P.J., Flores, G. (2009). Los contenidos de actividades en el medio natural en el aula de Enseñanza Secundaría Obligatoria. Comunicación en Actas del VIII Congreso Internacional sobre la enseñanza de la Educación Física y el Deporte. Universidad de Ceuta.

Zmudy, M.H., Curtner-Smith, M.D. & Steffen, J. (2009). Student participation styles in adventure education. Sport, Education and Society,14(4), 465-480.

CAPÍTULO 3. INNOVACIONES EDUCATIVAS, RECURSOS ESPACIALES Y MATERIALES PARA LA ENSEÑANZA DE LAS ACTIVIDADES EN EL MEDIO NATURAL

Viendo la inclusión de estos contenidos de actividades en el medio natural en todos los diseños curriculares, nos vemos con la necesidad, por parte de los docentes, de enseñar estas actividades de una forma creativa y divertida a través de proyectos de "innovaciones educativas" para poder desarrollar este tipo de sesiones en el centro educativo. *Estudios por diversos autores como (Bronson, Gibson, Kishar y Priest, 1992; Hatch y McCarth, 2005; Anglada, 2008a, 2008b; entre otros), han confirmado que las actividades en la naturaleza, los deportes de aventura y sus aplicaciones didácticas y educativas, han dado lugar a diversos programas y propuestas a lo largo del mundo.* En Baena, A. & Granero, A. (2011).

Aunque de una forma más cercana podemos ver como existen diversos proyectos para acercar estas actividades al centro educativo como las iniciativas educativas de diferentes autores para utilizar los espacios y materiales y convertir el proceso de enseñanza aprendizaje en una acción de cambio y acercamiento a las actividades propias del medio natural. Baena, A., & Granero, A. (2009) o Baena, A., Granero, A., Ruiz, F., & García, E. (2009), Callejón, J. A., Pérez, S., & De Haro, I. (1999), Puchalt, J.M. & Sánchez, V.(2010), Briongos de la Fuente, F.(2012), Baena-Extremera, A., Ayala-Jiménez, J.D., & Meroño, J.D.(2014), Baena-Extremera, A. (2011), Ballesteros, F.R., Cepero, M (2003), Baena, A. & Fernández (2013), Casero, O.(2007), etc.

Con todos estos ejemplos de iniciativas educativas, los docentes debemos reflexionar sobre lo que dijo (Benito. 2009): *El docente actual debe actualizarse, debe reciclarse, requiere una formación y habilidades distintas a las que requería un profesor en el pasado.* Esto hace concluir que el profesor, por profesión, debe innovar sobre nuevos contenidos y utilizar nuevos espacios, tanto fuera como dentro del centro, para ofrecer otras alternativas a los contenidos para procurar la participación de los alumnos en el proceso de enseñanza y aprendizaje.

Creo que no es necesario grandes instalaciones, sino grandes ideas creativas para poder desarrollar unas sesiones nuevas y atractivas, utilizando espacios diferentes y materiales alternativos para poder iniciar a los más pequeños y mayores a algunos deportes relacionados con las actividades en la naturaleza, permitiendo una proyección de la clase de la clase de educación física en el exterior. Por lo tanto, y siguiendo a Olivera, J. (2011, pp.7), *es preciso diseñar salidas periódicas al medio natural para lograr que nuestros niños se interaccionen de manera activa y constructiva con la naturaleza más plena y descubran explorando y jugando la biodiversidad de fauna y flora presentes.*

Como bien dijo Trilla (2003, pp.52), *el medio urbano no es un destacado agente de formación, sino el entorno educativo por excelencia,* debemos rendirnos al medio urbano y sus espacios para poder desarrollar nuevos proyectos educativos que puedan transferirse desde las ciudades al centro educativo y estas a actividades físicas propias del medio natural. Por lo tanto, y cumpliendo con las competencias y objetivos de la nueva ley LOMCE, con esta transferencia damos origen a una función propedéutica, en la que recordamos y practicamos una ciencia que luego será practicada en su ámbito original, el medio natural.

Tras una revisión bibliográfica, podemos decir que todas las actividades propias del medio natural y de turismo al aire libre se pueden adaptar y desarrollar en los centros educativos, tenemos muchos ejemplos de autores que proponen una serie de iniciativas educativas para acercar las actividades físicas y deportivas del medio natural al centro educativo, ya que es cierto que *hace un par de décadas el aprendizaje en ciencias del deporte ha avanzado hacia una enseñanza alternativa* (Kirk, D y Macdonald, D 1998). Gracias a estas inquietudes, investigaciones e iniciativas que han empujando a los docentes a buscar y aumentar la utilización del uso de espacios naturales no convencionales para realizar el proceso de enseñanza y aprendizaje, aunque en algunos casos necesitan, como veremos a continuación, necesitan culminar sus innovaciones en el medio natural:

- Existen a día de hoy, diversas propuestas sobre la iniciación de la escalada a partir de la enseñanza de la trepa en un rocódromo: con material alternativo, en pared o fabricando sus propios rocódromo en los centros educativos.

AUTOR/ES	AÑO	INNOVACIÓN	PALABRA CLAVE
Callejón, J. A., Pérez, S., & De Haro, I.	1999	La escalada en los centros de enseñanza.	ESCALADA, ENSEÑANZA PRIMARIA.
Fernández-Río, J.	2000	La trepa y la escalada: contenidos del bloque de actividades en el medio natural fácilmente aplicables dentro del marco escolar	TREPA Y ESCALADA
Marinho, A. y Turini, H.	2001	La escalada y las actividades de aventura.	ESCALADA Y ACTIVIDADES DE AVENTURA.
VVAA	2002	La escalada: una propuesta de integración con deficientes visuales.	ESCALADA ADAPTADA
Cepero, M.M. y Ballesteros, F.J	2003	El amigo rocódromo en la escuela: propuesta práctica de una unidad didáctica para el desarrollo de los contenidos de educación física en primaria	ROCODROMO Y ESCLADA EN CENTRO EDUCATIVO
Ballesteros, F.J., Cepero, M	2003	Creación y pragmación del rocódromo en la educación física en primaria	TREPA Y ESCALADA. ROCODROMO
Sánchez, V.	2003	La Escalada en Bloque Indoor: una modalidad de escalada para todos.	ESCALADA
Rovira, R.	2004	La escalada en la escuela: una experiencia práctica.	LA ESCALADA EN LA ESCUELA
Casero, O.	2007	Creación de un rocódromo interdisciplinar.	ROCODROMO Y ESCALADA.
Briongos, F. y Pérez O.	2008	Una estructura para escalar en la escuela.	ROCODROMO Y ESCALADA
Beas, M. y Blanes, M.	2010	Posibilidades pedagógicas de la escalada en rocódromo.	ESCALADA EN ROCODROMO
Puchalt, J.M. & Sánchez, V.	2011	La construcción de un rocódromo escolar por los alumnos del programa INTEGRA: el caso del IES Albal.	ESCALADA Y CONSTRUCCIÓN DE ROCODROMO
Moreras, J y Leyton., M	2011	Propuestas pedagógicas para la escalada deportiva. Del suelo a la vertical.	ESCALADA DEPORTIVA,
Baena, A. y Fernández	2013	Propuesta de una progresión didáctica del rápel en una unidad didáctica de escalada en Educación Física	RAPEL Y ESCALADA
Peñarrubia, C.	2014	El rápel en la escuela. Una actividad cooperativa de iniciación al medio natural.	RAPEL, ENSEÑANZA
Baena-Extremera, A., Ayala-Jiménez, J. D., y Meroño Subirat, P. J.	2014	Cómo construir un rocódromo de escalada: ideas para Educación Física.	ROCODROMO , ESCALADA

Tabla 7. Propuestas educativas sobre trepa, escalada y rápel.

- Propuestas de adaptación e iniciación a las vías ferratas, espeleología y barranquismo.

AUTOR/ES	AÑO	INNOVACIÓN	PALABRA CLAVE
Casterad, J., & Generelo, E.	2000	Diferentes contenidos de la Educación Física Escolar trabajados en el medio acuático: una experiencia práctica (De la piscina al barranco).	JUEGOS DE AVENTURA ACUATICOS Y BARRANQUISMO
Bernal, J.A.	2002	Juegos y deportes de aventura	JUEGOS Y DEPORTES DE AVENTURA.
Jiménez, M y Tinoco, M.	2011	Iniciación educativa a los descensos de barrancos.	DESCENSO DE BARRANCOS, CENTROS DE ENSEÑANZA.
Baena, A., & Granero, A.	2009	Deportes de aventura indoor: Enseñanza de la Espeleología en los Institutos de Educación Secundaria.	ESPELEOLOGÍA, ENSEÑANZA SECUNDARIA
Baena, A., Granero, A., Ruiz, F., & García, E.	2009	Nuevas perspectivas en el tratamiento educativo de actividades de aventura: la espeleología en Educación Física.	ESPELEOLOGÍA, ENSEÑANZA SECUNDARIA EDUCACIÓN FÍSICA
Baena-Extremera, A.; Serrano, J.M.; Fernández, R.& Fuentsal, J.	2013	Adaptación de nuevos deportes de aventura a la educación física escolar: las vías ferratas.	VIAS FERRATAS
Baena-Extremera, A., Ayala-Jiménez, J. D., & Ruiz-Montero, P. J.	2014	Iniciación a las vías ferratas en Educación Física de primaria y secundaria.	VIAS FERRATAS

Tabla 8. Propuestas de innovaciones educativas sobre juegos de aventura, barranquismo, espeleología y vías ferratas.

- Iniciación a los deportes náuticos: surf, bodyboard y piragüismo.

AUTOR/ES	AÑO	INNOVACIÓN	PALABRA CLAVE
Aguiar, U.	2008	Los deportes acuáticos: el surf en el área de Educación Física.	SURF.
López, J. & García, C.N.	2013	Propuesta de acercamiento del surf a los centros educativos: el Tarp Surf.	TARF SURF.
Machota Blas, V. E.	2014	El surf en la educación secundaria: una propuesta práctica.	SURF, ENSEÑANZA SECUNDARIA.
VVAA	2008	Aprendizajes situados en los deportes de mar: bodyboard.	BODYBOARD
Machota, V. E	2012	El bodyboard en el marco escolar: una propuesta de aplicación.	BODYBOARD Y SURF
Gómez, J., Chacón, P., & Sanmartín, G.	1999	Prácticas de salvamento en bodyboard y surf.	BODYBOARD Y SURF. SALVAMENTO
Parra, C.	2009	Propuesta lúdica para la enseñanza del piragüismo.	PIRAGÜISMO EN LA ESCUELA
Parra, C.	2010	El piragüismo como una propuesta de enseñanza aprendizaje.	PIRAGÜISMO EN LA ESCUELA
Sánchez, J. & Machota Blas, V. E.	2014	El buceo en la enseñanza secundaria: una propuesta práctica.	BUCEO

Tabla 9. Innovaciones educativas sobre deportes náuticos.

- Iniciación al esquí, tanto nórdico como alpino y Nordic Walking, como una alternativa al senderismo o una trasferencia al esquí nórdico.

AUTOR/ES	AÑO	INNOVACIÓN	PALABRA CLAVE
Asun, S. & Larraz, A.	1999	El esquí de fondo en la escuela. Un proyecto escolar viable.	ESQUI DE FONDO EN LA ESCUELA
Asun, S. & García, I.	1998	El esquí de fondo en la escuela, una propuesta innovadora.	ESQUI DE FONDO EN LA ESCUELA
Gómez, M. & Sanz, E.	2003	La enseñanza del esquí alpino en las clases de Educación Física de la Educación Secundaria Obligatoria.	ESQUÍ ALPINO
Ferrando, J. A., Latorre, J., Lizalde, E., & Ceru D.	2003	La formación del maestro especialista en educación física en las actividades en la naturaleza: el esquí escolar.	ESQUÍ ALPINO
Román, B.	2008	La transferencia del patinaje en línea al aprendizaje del esquí alpino en la Educación Física escolar.	ESQUÍ ALPINO
Méndez-Giménez, A. y Fernández-Río J.	2011	Nuevas tendencias metodológicas en la enseñanza del esquí: orientaciones didácticas para su iniciación en los centros educativos.	ESQUÍ EN CENTROS DE ENSEÑANZA.
VVAA	2012	Una progresión del esquí de fondo mediante el uso del roller ski en Primaria.	ESQUI DE FONDO ROLLER SKI, PRIMARIA
VVAA	2013	El esquí nórdico en la escuela. Propuesta de aprendizaje para el marco escolar en educación primaria.	ESQUI NORDICO, ENSEÑANZA
Parra, C.	2014	Nordic Walking como una estrategia emergente de turismo activo.	NORDIC WALKING Y CENTROS DE ENSEÑANZA TURISMO ACTIVO

Tabla 10. Innovaciones educativas sobre esquí y nordic walking.

- Juegos de aventura y multiaventura modificados en los centros de enseñanza tanto de primaria, secundaria y/o superior.

AUTOR/ES	AÑO	INNOVACIÓN	PALABRA CLAVE
Casterad, J., & Generelo, E.	2000	Diferentes contenidos de la Educación Física Escolar trabajados en el medio acuático: una experiencia práctica (De la piscina al barranco).	JUEGOS DE AVENTURA ACUATICOS Y BARRANQUISMO
Baena Extremera, A. & Baena Extremera, S.	2003	Tratamiento didáctico de las actividades físicas organizadas en el medio natural, dentro del área de Educación Física.	MULTIACTIVIDAD
González, J.	2004	Iniciación a la orientación, unidad didáctica de bicicleta y un paseo por la escalada y el rapel (para Primaria).	MULTIAVENTURA: ORIENTACIÓN, BICICLETA, ESCALADA Y RAPEL
Parra, C.	2008	Orientaventura aplicada para secundaria y Bachillerato.	MULTIAVENTURA
Parra, C.	2009	Nuevos espacios para practicar las actividades en la naturaleza.	MULTIAVENTURA
Freire, H.	2011	Educar en verde. Ideas para acercar a los niños y niñas a la naturaleza.	MULTIAVENTURA. PRIMARIA
Sánchez, J. A.	2014	Mi centro, mi escuela. Circuito de montaña en el gimnasio para cuarto de ESO y Bachillerato.	MULTIAVENTURA, GIMNASIO. ESO Y BACHILLERATO
Baena Extremera, A., Calvo Morales, J. F. & Martínez Molina, M.	2009	Una experiencia didáctica en metodología integrada: cinco estilos de enseñanza a través de la bicicleta de montaña, patines y monopatines en E.S.O.	MULTIACTIVIDADES MTB, PATINES Y MONOPATINES
VVAA	2010	Diferentes propuestas para la enseñanza de la orientación a nivel escolar.	ORIENTACIÓN, URBANA Y SUBACUÁTICA.
Baena-Extremera, A.	2011	Juegos y deportes de aventura en la formación permanente del profesorado.	JUEGOS Y DEPORTES DE AVENTURA

Tabla 11. Innovaciones educativas sobre actividad física y multiaventura.

- Propuestas de orientación en los centros educativos y en entornos cercanos.

AUTOR/ES	AÑO	INNOVACIÓN	PALABRA CLAVE
Canto, A. et al.	1999	Los recorridos de orientación urbana, un acicate para la animación a una práctica deportiva continuada sin límites.	ORIENTACION URBANA
Parra, M. et al.	2000	Turismo, en una ciudad patrimonio de la humanidad (a través de un juego de rol en vivo.	ORIENTACIÓN URBANA
Romero, O.	2001	Las pruebas de orientación: un medio interdisciplinar en las clases de educación física.	ORIENTACIÓN URBANA
Rodríguez, C. et al.	2002	Mapas de orientación urbana de la ciudad de Plasencia.	ORIENTACIÓN URBANA
Valls, V.J.; Viciano, s.; García, r.	2002	Supervivencia urbana una propuesta para la educación integral.	ORIENTACIÓN URBANA
Bocanegra, C. & Villanueva, A.	2003	Pautas para la elaboración de mapas de orientación de centros escolares y de jardines.	ORIENTACIÓN
Luque, P.	2004	Las posibilidades recreativas y educativas que ofrecen los mapas en el área/materia de educación física y Orientación urbana en la Almedina de Baena.	ORIENTACIÓN URBANA
Parra, C.	2008	Organización y aplicaciones prácticas del deporte de orientación en Secundaria.	ORIENTACIÓN, SECUNDARIA
Parra, C.	2008	Propuestas prácticas para el deporte de orientación en Secundaria.	ORIENTACIÓN, SECUNDARIA
Luque, P & Sánchez, P.	2008	Orientación urbana recreativa a través de una leyenda: "las emparedadas de Baena".	ORIENTACION URBANA
VVAA	2010	Diferentes propuestas para la enseñanza de la orientación a nivel escolar.	ORIENTACIÓN, URBANA Y SUBACUÁTICA
Baena-Extremera, A.; Granero-Gallegos, A.	2011	Propuesta didáctica para el trabajo de la orientación deportiva en los centros educativos.	ORIENTACION EN LOS CENTROS EDUCATIVOS
Parra, C.	2014	Secuenciación de los contenidos de orientación en las diferentes etapas educativas.	ORIENTACIÓN
Fernández, R.; Herrera-Vidal, J.I. y Navarro, R.	2015	Propuesta práctica para educación primaria de orientación y descubrimiento, denominado "Rutatic".	ORIENTACIÓN URBANA

Tabla 12. Propuestas de innovaciones educativas sobre orientación.

- Propuestas didácticas de ciclismo y combinada de ciclismo y golf.

AUTOR/ES	AÑO	INNOVACIÓN	PALABRA CLAVE
Neill, J.T.	2004	Experiential learning cycles.	CICLISMO
Fóndon, J.L.	2004	Uso de las bicicletas para primaria y para secundaria.	CICLISMO EN PRIMARIA Y SECUNDARIA
Ferrando, H. Molinero, P. Peña, T.	2007	*Con bici al cole.* Proyecto pedagógico para primaria.	CICLISMO EN PRIMARIA
García Pérez, F.J.	2008	Ciclismo, currículo y competencias básicas. Estrategias y elementos didácticos.	CICLISMO EN SECUNDARIA
Junquero, J.E.	2008	Bici golf: integración de la iniciación al golf y el uso de la bicicleta.	CICLISMO Y GOLF EN SECUNDARIA
Mellada, O.	2012	El cicloturismo en el currículo de Educación Secundaria en Cantabria.	CICLISMO SECUNDARIA
Guillen, R.; Lapetra, S.; Dieste, G. & Trallero, J.	2011	La bicicleta en la escuela. Una propuesta innovadora sobre actividades del medio natural.	CICLISMO ENSEÑANZA
Ferrando, H. Molinero, P. Peña, T.	2007	Proyecto pedagógico de bicicletas para primaria.	CICLISMO PRIMARIA
VV.AA	2013	Aula en bici: un proyecto longitudinal de intervención docente en Ed. Primaria	CICLISMO PRIMARIA
Fernández-Rio, J	2000	Utilización de la bicicleta dentro del bloque de contenidos de actividades en el medio natural.	CICLISMO SECUNDARIA

Tabla 13. Innovaciones educativas sobre ciclismo y combinada.

- Otras actividades como senderismo (Gómez, A. 2006) y supervivencia (VVAA 2012).

Como hemos visto, en los cuadros anteriores existen infinidad de propuestas creativas de innovación aunque casi todas acaben en sincronías como:

- <u>Utilización de los espacios y materiales no convencionales para posteriormente culminar sus propuestas y experiencias prácticas en el medio natural.</u> Con esto, podemos también justificar este trabajo con el carácter propedéutico de la nueva normativa de la LOMCE.

- <u>Parten de un tratamiento personalizado del educando y de un conocimiento de otras técnicas o innovaciones</u> sobre gestión y aprovechamiento de los recursos materiales, espaciales y humanos (García Montes, 2009.Pp.16).

- Los docentes parten de un análisis de la situación de los pros y contras del uso de los espacios públicos cercanos al centro educativo, para que las diferentes prácticas sean de interés pedagógico, adecuando la actividad a las características propias del espacio, de los alumnos y del contexto del centro educativo. Con esto, se pretende motivar a los alumnos a continuar con las propuestas deportivas en su tiempo de ocio y tiempo libre. Siguiendo a Generelo, Julián & Zaragoza (2009.pp.55), *la escuela debe permitir acercar al alumnado a las prácticas sociales de referencia que son, en el caso de la Educación Física, las diferentes actividades físicas, deportivas y artísticas que forman parte de la dimensión cultural de un territorio.*

- Apuestan por el respeto y aprovechamiento del entorno natural e impulsan una educación natural del individuo (es decir acorde a sus características emocionales, cognitivas, motrices y emocionales). Olivera, J. (2011.Pp.6).

- Son alternativas al uso de materiales y espacios convencionales, que motivan e incitan a nuestros alumnos a no aburrirse con la monotonía de las sesiones de educación física, porque:

    "Nuestros alumnos tienen más inquietudes para poder desarrollar nuevas actividades en las clases de educación física y después llevarlas a cabo en su tiempo libre y de ocio" (Baena, Granero, Ayala, Vaquero, & Martínez, 2012; Ruiz, García, & Hernández, 2001).

Siguiendo a García, M.E. (2009.Pp.17), se trata de:

"La recuperación de entornos urbanos próximos al enclave de los centros escolares (casco antiguos y zonas monumentales, parques, espacios verdes, paseos marítimos y playas, espacios "clandestinos" y calles peatonales entre otras múltiples opciones geográficas y mobiliario urbano) como espacios propios para desarrollar ciertos contenidos de las clases de educación física".

Aunque en la mayoría de los casos, se podrían sufragar estos esfuerzos mediante modificaciones de los espacios y materiales que tenemos en nuestro alrededor. Para ello proponemos varios ejemplos que pueden servir de transferencia para la enseñanza y adquisición de conductas motores paras las actividades físicas en el medio natural:

- A continuación, podemos ver este suelo adoquinado justo a los pies de la Torre del Oro de Sevilla. Con este pavimento, se pueden desarrollar sesiones de iniciación a la escalada deportiva (trepa horizontal), practicando equilibrios (con un apoyo, con dos, con tres, etc...) cuadrupedias, o escalada horizontal. Este ejemplo, puede ser trasladado al centro educativo, sustituyendo este suelo adoquinado por tocones de madera, o ladrillos de psicomotricidad.

Figura 3.1. Suelo con adoquines a los pies de la Torre del Oro (Sevilla). Fuente: elaboración propia.

- A pesar de los esfuerzos de los centros educativos para pedir subvenciones para estas iniciativas educativas, son muchos los casos, en los que el propio centro y profesor de educación física ayudado por sus alumnos, construyen sus propios rocódromos caseros o zonas de Boulder. Podemos ver en muchos de los colegios como han inventado un Boulder con el simple gesto de pegar piedras en la pared, o inventar otras alternativas de trepa en las espalderas, en las vallas de los colegios, en los potros, en mesas, o en dólmenes colocados en el patio del colegio; o por otro lado, aventurarse a realizar su propio rocódromo.

- Muchas veces la trepa vertical, resulta muy complicada de fabricar, pero podemos adaptarlas con colchonetas quitamiedos, pudiendo poner la inclinación que queramos sin ser 100 % vertical, apoyándolas en bancos suecos que van a las espalderas.

- Podemos iniciar a los alumnos a la espeleología, construyendo unas cuevas alternativas con las vallas de atletismo y paracaídas, cuevas con cartones o simplemente tapando los toboganes que hay en algunos patios del colegio. Las prácticas de descenso o ascenso en espeleología con los diferentes materiales se pueden realizar por ejemplo en las escaleras de emergencia de los edificios.

- Las vallas de las gradas del gimnasio se convierten en improvisadas líneas de vida de una alternativa vía ferrata y las escaleras simulan las grapas de la ascensión en una vía ferrata (Baena-Extremera, A.; Serrano, J.M.; Fernández, R. & Fuentsal, J. 2013; Baena-Extremera, A., Ayala-Jiménez, J. D., & Ruiz-Montero, P. J. 2014).

- Las paredes del rápel pueden convertirse en las espalderas, con sus respectivos anclajes, dándole más o menos inclinación y dificultad modificando la base con colchonetas y bancos suecos.

- Para las prácticas de los descensos de barrancos se pueden asimilar los saltos a diferentes alturas mediante un quitamiedos, saltando sobre él a diferentes alturas. Con este mismo quitamiedos podemos realizar una simulación a los toboganes, apoyando el quitamiedos a la espaldera y dejando una pequeña inclinación entre esta y el quitamiedos, o bien forrando una escalera con colchonetas para simular el tobogán. Por último, en el patio, podemos realizar una zona de obstáculos sobre una superficie deslizante con un poco de jabón, para que simule un desplazamiento en un barranco, sobre las piedras.

- Como hemos visto en iniciativas de varios autores, se han adaptado materiales para la simulación de esquí alpino y nórdico mediante algunas adaptaciones del material como el roller (Prados, F.; Rapun, M.; Castellar, C. & Juvilla, F. 2012), el snowboard y el surf (López, J. & García Suárez, C. N. 2013).

- En una misma sesión podemos convertir el gimnasio en un circuito de montaña, donde los alumnos pueden realizar diferentes actividades físicas propias del medio natural: puente mono, tirolina, pasa manos, líneas de vida (vías ferratas), trabajo de auto ascenso con crol y yuma, cuevas de espeleologías. Podemos ver estos ejemplos en autores y profesores que innovan y le sacan el máximo rendimiento a los espacios (Sánchez, J.A. 2014; Baena, A. & Granero, A. 2013; Baena, A., Granero, A., Ruiz, F., & García, E. 2014 ; Freire, H. 2011.

- Además, podemos innovar tanto en el centro como fuera del centro en un medio acuático, introduciendo la iniciación a la orientación o juegos de aventura en una piscina o en el mar (playa), como podemos ver en López, J. & García Suárez, C. N. (2013); Casterad, J., & Generelo, E. 2000.

Para concluir este punto, podemos decir que, los espacios para realizar actividades en el medio natural están ahí, sólo tenemos que darnos una vuelta por la ciudad y encontraremos muchas zonas donde, con una adaptación o teniendo creatividad, podemos realizar este tipo de actividades sin necesidad de desplazarnos fuera de las urbes.

Figura 3.2. Ejemplo de instalaciones infantiles relacionadas con las actividades en la naturaleza.
Fuente: elaboración propia.

Referencias bibliográficas y web gráficas.

Aguiar, U. (2008). Los deportes acuáticos: el surf en el área de Educación Física. Revista Digital educación física y deportes. 126(13). [en línea] http://www.efdeportes.com/126

Asun, S. & García, I. (1998). El esquí de fondo en la escuela, una propuesta innovadora. Actas de las V Jornadas de Educación Física. Zaragoza. CPR Calatayud. http://cprcalat.educa.aragon.es/edfisica/html/c1.htm

Asun, S. & Larraz, A. (1999). El esquí de fondo en la escuela. Un proyecto escolar viable. Revista de educación física: Renovar la teoría y práctica, 73, pp17-20.

Baena, A. (2008). Análisis del diseño de las unidades didácticas en educación física en relación a la etapa educativa: una propuesta innovadora. Habilidad Motriz, (30), pp. 30-48.

Baena-Extremera, A. & Baena Extremera, S. (2003). Tratamiento didáctico de las actividades físicas organizadas en el medio natural, dentro del área de Educación Física. Revista Digital Educación física y deportes.[en línea], (61). Buenos Aires. Disponible en: http.//www.efdeportes.com

Baena, A. y Calvo, J. F. (2008). Elaboración y construcción de materiales para el bloque de contenidos de Actividad Física en el Medio Natural: el rocódromo de escalada. Espiral. Cuadernos del Profesorado, 1(1), pp.1-8.

Baena, A., & Granero, A. (2009). Deportes de aventura indoor: Enseñanza de la Espeleología en los Institutos de Educación Secundaria. Revista Tándem. Didáctica de la Educación Física p.p.30-36

Baena-Extremera, A. & Granero-Gallegos, A. (2011). Propuesta didáctica para el trabajo de la orientación deportiva en los centros educativos. Trances, 3(6), pp.735-750.

Baena Extremera, A. y Granero Gallegos, A. (2009). Deportes de Aventura Indoor: la espeleología en los institutos de Educación Secundaria. Tándem, Didáctica de la Educación Física, 30, pp.47-60.

Baena-Extremera, A., Ayala-Jiménez, J. D., y Meroño Subirá, P. J. (2014). Cómo construir un rocódromo de escalada: ideas para Educación Física. Espiral. Cuadernos del Profesorado, 7(15), 36-41. Disponible en: http://www.cepcuevasolula.es/espiral.

Baena-Extremera, A., Ayala-Jiménez, J. D., y Ruiz-Montero, P. J. (2014). Iniciación a las vías ferratas en Educación Física de primaria y secundaria. Espiral. Cuadernos del Profesorado, 7(15), 21-27. Disponible en: http://www.cepcuevasolula.es/espiral.

Baena, A., Granero, A., Ruiz, F., & García, E. (2009). Nuevas perspectivas en el tratamiento educativo de actividades de aventura: la espeleología en Educación Física. En V. Arufe, Á. Lera, R. Fraguela & L. Varela (Eds.), La Educación Física en la sociedad actual .pp. 157-183. Sevilla.Wanceulen.

Baena-Extremera, A.; Serrano, J.M.; Fernández, R.& Fuentsal, J. (2013). Adaptación de nuevos deportes de aventura a la educación física escolar: las vías ferratas. Apunts. Educación Física y Deportes. (114) 4.º trimestre pp. 36-44

Ballesteros, F.R., Cepero, M (2003). El amigo rocódromo en la escuela (I). Creación y pragmación del rocódromo en la educación física en primaria (en línea). Revista digital: educación física y deportes. En http: //www.efdeportes.com. Año 9. (69). Buenos Aires.

Beas, M. y Blanes, M. (2010). Posibilidades pedagógicas de la escalada en rocódromo. Espiral. Cuadernos del Profesorado, 3(5), 59-72.

Benito (2009) En Granero, A., Baena, A., Ruiz P.J., Flores, G. (2009). Los contenidos de actividades en el medio natural en el aula de Enseñanza Secundaria Obligatoria. Comunicación en Actas del VIII Congreso Internacional sobre la enseñanza de la Educación Física y el Deporte. Universidad de Ceuta.

Bernal, J.A. (2002). Juegos y deportes de aventura. Sevilla. Wanceulen.

Bocanegra, C. & Villanueva, A. (2003). Pautas para la elaboración de mapas de orientación de centros escolares y de jardines. Retos. Nuevas tendencias en Educación Física, Deporte y Recreación, 6, pp.21-25.

Bravo et al. (1998) Las posibilidades didácticas de la ciudad: una experiencia conjunta entre la educación física y la historia del arte. Habilidad Motriz. (11), pp.5-9.

Briongos, F. y Pérez O. (2008). Una estructura para escalar en la escuela. Revista digital Wanceulen educación física digital, 4, pp.163-173

Callejón, J. A., Pérez, S., & De Haro, I. (1999). La escalada en los centros de enseñanza. Habilidad Motriz (13), pp.27-31.

Canto, A; Granda, J.; Ramírez, V. & Barbero, J. C. (1999) Los recorridos de orientación urbana, un acicate para la animación a una práctica deportiva continuada sin límites" [en línea]. Lecturas: Educación Física y Deportes. (14). http://www.efdeportes.com/efd14/

Casero, O. (2007). Creación de un rocódromo interdisciplinar. Actas del VII Congreso Internacional sobre la Enseñanza de la Educación Física y el Deporte Escolar Pontevedra. Recuperado de: http://www.altorendimiento.com/congresos/instalaciones-y-equipamiento/452-creacion-de-unrocodromo- interdisciplinar.

Castellar, C; Pradas, F Rapún, M. Coll, I. Pérez, S. (2013) Aula en bici: un proyecto longitudinal de intervención docente en Ed. Primaria. Retos. Nuevas tendencias de la Educación Física, Deporte y Recreación. Nº 23, pp. 5-9.

Casterad, J., & Generelo, E. (2000). Acerca de las relaciones de diferentes contenidos de la Educación Física Escolar trabajados en el medio acuático: una experiencia práctica (De la piscina al barranco). En AAVV, Cuadernos técnicos. Nª3. Natación escolar. Actas del I congreso internacional. Palencia. España. Patronato Municipal de Deportes.

Cepero, M.M. y Ballesteros, F.J. (2003). El amigo rocódromo en la escuela (II): propuesta práctica de una unidad didáctica para el desarrollo de los contenidos de educación física en primaria. Revista digital Educación física y deportes, 64.

Fernández-Río, J. (2000). La trepa y la escalada: contenidos del bloque de actividades en el medio natural fácilmente aplicables dentro del marco escolar. Apunts: Educación física y deporte, 62, pp, 27-33.

Fernández-Rio, J (2000). Utilización de la bicicleta dentro del bloque de contenidos de actividades en el medio natural. Revista digital educación física y deportes. Año 5 (21) [en línea]. En web: http://www.efdeportes.com/

Fernández, R.; Herrera-Vidal, J.I. & Navarro, R. (2015). Las TIC como recurso en la didáctica de la educación física escolar. Propuesta práctica para la educación primaria. Esta actividad de orientación denominada "RutaTIC". Emas Revista digital de Educación Física. Año 6 (35). [En línea]. En http://emasf.webcindario.com

Ferrando, H. Molinero, P. Peña, T. (2007). Con bici al cole. Proyecto pedagógico para primaria. Barcelona.

Ferrando, J. A., Latorre, J., Lizalde, E., & Ceru D. (2003). La formación del maestro especialista en educación física en las actividades en la naturaleza: el esquí escolar. En V Congreso Internacional sobre la Enseñanza de la Educación Física y el Deporte Escolar, Dimensión europea del docente de Educación Física. Hacia el espacio europeo único de Educación Superior (pp. 421-425), FEADEF, AVAPEF y la Universidad Europea Miguel de Cervantes, Valladolid.

Freire, H. (2011). Educar en verde. Ideas para acercar a los niños y niñas a la naturaleza. Barcelona. GRAO. Familia y educación.

García, M. E. (2009). Los espacios, convencionales y no convencionales, para la práctica físico-deportivo-recreativa. Tándem didáctica de la educación física. (30). Pp.9-21.

García Montes, M. E. y Hernández, A. I. (1998). Recorridos de orientación urbana: una forma de apropiarse de la ciudad. Espacio y Tiempo, 22-23-24, pp.55-69.

García Pérez, F.J. (2008). Ciclismo, currículo y competencias básicas. Estrategias y elementos didácticos. Comunicación en V congreso Nacional de Deporte en edad Escolar. Dos hermanas. 2008. Pp 225-254.

Generelo, E., Julián, J. A., & Zaragoza, J. (2009). Tres vueltas al patio. La carrera de larga duración en la escuela. Barcelona: Inde.

Gómez, A. (2006). El senderismo. Actividad física organizada en el medio natural. En Sáez Padilla, J., Sáenz-López Buñuel, P. y Díaz Trillo, M. (Eds), Actividades en el Medio Natural. Huelva: Servicio de Publicaciones de la Universidad de Huelva, pp.145-156.

Gómez, J., Chacón, P., & Sanmartín, G. (1999). Aproximación as prácticas de esvaramento nas ondas: surfe bodyboard. Santiago de Compostela: Lea.

Gómez, M. & Sanz, E. (2003). La enseñanza del esquí alpino en las clases de Educación Física de la Educación Secundaria Obligatoria. Retos: Nuevas tendencias en Educación Física, Deporte y Recreación 4), pp.11-24.

González, J. (2004). El uso del medio natural en el currículum de educación física en educación primaria: iniciación a la orientación, unidad didáctica de bicicleta y un paseo por la escalada y el rapel. Revista de educación física: Renovar la teoría y la práctica (96), pp.29-34.

Guillen, R.; Lapetra, S.; Dieste, G. & Trallero, J. (2011). La bicicleta en la escuela. Una propuesta innovadora sobre actividades del medio natural. Actas del X Congreso de deporte y escuela. Cuenca (Toledo).pp.71-78.

Granero, A. y Baena, A. (2010). La búsqueda de la naturaleza como compensación del nuevo estilo de vida urbano. Journal of Sport and Health Research, 2(1), pp.17-25.

Granero, A. & Baena, A. (2011). Juegos y deportes de aventura en la formación permanente del profesorado. Revista Internacional de Medicina y Ciencias de la Actividad Física y el Deporte vol. 11 (43) pp. 531-547. En web: Http://cdeporte.rediris.es/ revista/revista43/artjuegos224.htm

Granero, A.; Baena, A. y Martínez, M. (2010). Contenidos desarrollados mediante las actividades en el medio natural de las clases de Educación Física en Secundaria Obligatoria. Agora para la educación física y el deporte, 12(3), pp.273-288.

Jiménez, M y Tinoco, M. (2011). Iniciación educativa a los descensos de barrancos. En Pérez, R. (coord.)(2011). Actividades físico-deportivas en el medio natural. Propuestas de acción Educativa. Editorial MAD. Alcalá de Guadaira (Sevilla).

Julián, J. A. & Pinos, M. (2011). Ejemplificación de educación física para segundo ciclo de primaria. Actividad: Orientación. Zaragoza: Departamento de Educación, Universidad, Cultura y Deporte del Gobierno de Aragón. Consulta en http://efypaf.unizar.es/recursos/ orientacion.html

Julián, J.A.; Aguareles, I.; Ibor, E.; Cervantes, J. & Abarca, A. (2013). El esquí nórdico en la escuela. Propuesta de aprendizaje para el marco escolar en educación primaria. Habilidad Motriz (41).pp. 44-55.

Junquero, J.E. (2008). Bici golf: una actividad integradora como valor añadido. Integración de la iniciación al golf y el uso de la bicicleta (1º eso 4-5sesiones). Comunicación en V congreso Nacional de Deporte en edad Escolar. Dos hermanas. Pp 207-223.

López, J. & García Suárez, C. N. (2013). Propuesta de acercamiento del surf a los centros educativos: el tarp surf. EmasF, Revista Digital de Educación Física. Año 4, (21). [En línea] http://emasf.webcindario.com

Luque, P. (2004) Orientación urbana en la Almedina de Baena. En: Curso El Deporte de Orientación en y desde el Centro Educativo. Baena: CEP Priego-Montilla, 2004.

Luque, P & Sánchez, P. (2008). Orientación urbana recreativa a través de una leyenda: "las emparedadas de Baena". V congreso Nacional de Deporte en edad Escolar. Dos hermanas. pp 541-564.

Machota, V. E (2012). El bodyboard en el marco escolar: una propuesta de aplicación. EmásF, Revista Digital de Educación Física. 9 (4). [En línea] http://emasf.webcindario.com

Machota, V. E. (2014). El surf en la educación secundaria: una propuesta práctica. Espiral. Cuadernos del Profesorado, 7(15), pp.42-48.[en línea] Disponible en: http://www.cepcuevasolula.es/espiral

Marinho, A. & Turini, H. (2001). La escalada y las actividades de aventura: realizando sueños lúcidos y lúdicos. Apunts: Educación Física y Deportes (65), pp.105-110.

Mellada, O. (2012). El cicloturismo en el currículo de Educación Secundaria en Cantabria. Revista digital educación física y deportes (164). [en línea]. En web http://www.efdeportes.com.

Méndez-Giménez, A., Fernández-Río, J. (2011). Nuevas tendencias metodológicas en la enseñanza del esquí: orientaciones didácticas para su iniciación en los centros educativos., Apunts. Educación Física y Deportes (105), pp.35-43.

Moreras, J y Leyton., M. (2011) Propuestas pedagógicas para la escalada deportiva. Del suelo a la vertical. En Pérez, R. (coord.)(2011) Actividades físico-deportivas en el medio natural. Propuestas de acción educativa. Alcalá de Guadaira. Sevilla. Editorial MAD.

Neill, J.T. (2004) Experiential learning cycles. [en línea]. Disponible en: http://www.wilderdom.com/theory/ExperientialLearningCycles.html.

Olivera, J. (2011) Escenarios de la educación física. Apunts. Educación Física y Deportes (103), pp. 5-8.

Ortíz, R.; Pérez, O.; Calle, A.; Fernández, F. y Muñoz, E. (2002). La escalada: una propuesta de integración con deficientes visuales. Integración: Revista sobre ceguera y deficiencia visual, (38), pp.35-43.

Parra, C (2008a). Organización y aplicaciones prácticas del deporte de orientación en secundaria. Comunicación en actas del VI Congreso Internacional y nacional de "EL AULA NATURALEZA EN LA EDUCACIÓN FÍSCA ESCOLAR". Escuela Universitaria de Educación de Palencia de la Universidad de Valladolid.

Parra, C. (2008b). La orientaventura aplicada en Secundaria y Bachillerato. Comunicación en actas del VI Congreso Internacional y nacional de "EL AULA NATURALEZA EN LA EDUCACIÓN FÍSCA ESCOLAR". Escuela Universitaria de Educación de Palencia de la Universidad de Valladolid.

Parra, C. (2009a). Propuestas prácticas para la enseñanza del deporte de orientación (en línea). Revista digital educación física y deportes. Disponible en:http://www.efdeportes.com. Año 13 - Nº 128.Buenos Aires.

Parra, C. (2009b). Nuevos espacios para practicar las actividades en la naturaleza en actas del VIII Congreso Internacional sobre la enseñanza de la Educación física y el deporte escolar. Pp.6-8. Ceuta.

Parra, C. (2014). Secuenciación de los contenidos de orientación en las diferentes etapas educativas. X Congreso Internacional de Ciencias del deporte y la Educación física. Pontevedra., 8,9,10 de Mayo. Departamento de Didácticas específicas de la Universidad de la Coruña y Sportis. Formación deportiva.

Parra, M. et al.(2000).Turismo, en una ciudad patrimonio de la humanidad (a través de un juego de rol en vivo)". En: II Congreso Internacional de Educación Física. Educación Física y Salud,). 1ª ed. Cádiz: FETE-UGT, 1999. Pp. 683-688.

Peñarrubia, C. (2014) El rápel en la escuela. Una actividad cooperativa de iniciación al medio natural. Tándem. Didáctica de la Educación Física (44) .Pp.63-64.

Pérez Turpín, J. A.; Chinchilla Mira, J. J.; Suárez Llorca, C.;Cortell Tormo, J. M., & Cejuela Anta, R. (2008). Aprendizajes situados en los deportes de mar: bodyboard. Ágora para la EF y el Deporte, 7 (8), pp.125- 144.

Prados, F.; Rapun, M.; Castellar, C. & Juvilla, F. (2012). De los patines en la escuela a los esquís en la nieve. Una progresión del esquí de fondo mediante el uso del roller ski en Primaria. Tándem. Didáctica de la Educación Física (38). Pp.101-111.

Puchalt, J.M. & Sánchez, V. (2011). La construcción de un rocódromo escolar por los alumnos del programa integra: el caso del IES Albal. Comunicación en II Congreso en Edad Escolar. Universidad de Barcelona. Universitat Jaume I. pp.1-6.

Román, B. (2008). La transferencia del patinaje en línea al aprendizaje del esquí alpino en la Educación Física escolar (Tesis doctoral). Universidad de Granada, Granada.

Romero, O. (2001).Las pruebas de orientación: un medio interdisciplinar en las clases de educación física. Habilidad Motriz. (17), pp 24-28.

Rodríguez, C. et al.(2002) Mapas de orientación urbana de la ciudad de Plasencia. La Gaceta Extremeña de Educación Digital.(63) [en línea] en http://www.educarex.es/lagaceta/antiguos/html/632002/experiencia.html.

Rovira, R. (2004). La escalada en la escuela: una experiencia práctica. Tándem: Didáctica de la educación física (16), pp. 53-65.

Sánchez, J. A. (2014). Mi centro, mi montaña. Circuito de montaña en el gimnasio para cuarto de ESO y Bachillerato. Tándem. Didáctica de la Educación Física. (45). Pp.22-25.

Sánchez, J. y Machota Blas, V. E. (2014). El buceo en la enseñanza secundaria: una propuesta práctica. Espiral. Cuadernos del Profesorado. Vol. 7, (15), pp. 70-74.

Sequeiros, L. (1996). Transversalidad y el área de ciencias de la naturaleza de la educación secundaria obligatoria: Salud, consumo y Medio Ambiente. Córdoba: ICE, Universidad de Córdoba.

Trilla, J. (2003). El aula como espacio educativo. Cuadernos de pedagogía. Pp.52-55.

Valls, V.J.; Viciano, S.; García, R.2002. Supervivencia urbana una propuesta para la educación integral. Retos. Nuevas Tendencias en Educación Física, Deporte y Recreación. (2), pp. 37-45.

CAPÍTULO 4. ESPACIOS CERCANOS AL CENTRO EDUCATIVO PARA LA ENSEÑANZA DE LAS ACTIVIDADES FÍSICAS EN EL MEDIO NATURAL. LOS PARQUES INFANTILES, PARQUES DE AVENTURA Y ROCÓDROMOS.

4.1. PARQUES INFANTILES.

"Los parques infantiles forman parte de las dotaciones públicas básicas de cualquier municipio. No están específicamente reglamentadas en las normas urbanísticas, ni tampoco en las legislaciones sectoriales, quedando al libre albedrío de los municipios y las empresas instaladoras, tanto su disposición, como su cantidad o dotación." (Palomero, J. 2015, pp.13).

En líneas generales, y según Gómez, V. (1996, pp.13). *Podemos decir que el espacio formativo escolar denominado "contexto escolar", está formado por tres zonas bien diferenciadas y limitadas en donde podemos planificar y desarrollar estas actividades:*

- *El centro escolar.*
- *Las instalaciones deportivas de barrio.*
- *Los parques y jardines.*

Bajo esta línea y tras comentar los diferentes espacios no convencionales de los centros educativos, debemos dar un "guiño" a los parques y jardines dándole la importancia que se merecen por su variedad de elementos, infraestructuras, mobiliario y medio natural, aprovechable 100 %.

"El parque es un terreno generalmente cercado, que dispone de plantas y flores y cuyo uso se encuentra reservado a la recreación y al descanso de sus visitantes. Para cumplir con las mencionadas funciones, los parques, suelen contar con juegos para la diversión de los niños, con bancos para descansar y en algunos casos hasta cuentan con artefactos que expiden agua para que los visitantes puedan refrescarse cuando lo necesiten."

El parque urbano próximo al centro, en donde el césped, la tierra, pendientes, agua, son factores que influyen en la psicomotricidad, lo que se pueden utilizar como ambiente de aventura que propicien en el participante una identificación rápida con este tema. Además, estos lugares urbanos desempeñan una enorme labor social y comunicativa cuando los niños se desenvuelven en estos espacios.

Además, como bien dijeron los autores:

- Santos Pastor, M. L. (2002. pp.34). *"Los parques y jardines son espacios seminaturales que nos sirven de escalón entre la artifiocidad de los gimnasios y la naturaleza en estado puro. Poseen muchas de las características del medio natural y suelen estar más cercanos a nuestro lugar de trabajo."*

- Parra, C. (2009). *"En los parques podemos encontrar, telas de arañas, las tirolinas, los puentes monos y de aventura, los rocódromos con presas en forma de ranas, las escaleras flotantes, pueden servir para introducir este tipo de contenidos de actividades en la naturaleza."*

- Palomero, J. (2015, pp.14). *"Los parques infantiles constituyen el lugar natural de encuentro en los núcleos urbanos, con áreas de recreo que estimulan el desarrollo y el aprendizaje a través del juego y con zonas de esparcimiento y descanso donde los más mayores pueden disfrutar de su tiempo libre."*

Siguiendo a estos autores, en relación a los espacios que existen en un parque para realizar actividades en la naturaleza, podemos concretar en los jardines infantiles que, sin quedarse atrás en la evolución de la sociedad, se inventan y construyen unos aparatos más atractivos, seguros y relacionados con el uso de los espacios para la práctica de las actividades en la naturaleza. *Estos parques infantiles, se pueden utilizar desde las edades muy tempranas (Infantil y Primaria) o incluso en la adolescencia (Secundaria y Bachillerato), como un recurso metodológico, como eje temático o como eje pedagógico* (según Santos Pastor, Mª Luisa. 2002. Pp.38).

Todavía tenemos en el recuerdo, cuando íbamos a los parques y nos encontrábamos con los columpios, toboganes, carruseles, balancines, etc. En cambio, hemos evidenciado como estos "aparatos de diversión", han sido sustituidos poco a poco, por unas nuevas instalaciones más divertidas, atractivas y seguras para los más pequeños. En un momento, podíamos ver como estos niños sustituían estos aparatos tradicionales en otros no tan conocidos, pero que hoy día, gracias a las nuevas tendencias de la práctica de actividades físicas en el medio natural, tanto en el ámbito educativo por el diseño curricular en la enseñanza curricular como en un ámbito recreativo, están siendo vivenciado por los pequeños en campamentos, instalaciones o ferias mediante una empresa de turismo activo. Además, estos jardines infantiles son muy demandados porque son espacios de esparcimiento recreativo que influyen cognitivamente y motrizmente en los niños.

Los participantes de estas actividades se sienten atraídos por este tipo de nuevas instalaciones porque ya se conocen, por una cosa o por otra, y han tenido una experiencia divertida y emocionante. Sin embargo, aunque estos se sientan seguros de estas actividades, los padres o responsables, se sienten "hostiles", en algunos casos más que los niños, de este tipo de instalaciones. Aunque existan una minoría que rechacen esta novedad, en la mayoría de los casos por miedo o desconocimiento, son cada vez más los padres que apoyan este tipo de iniciativas y tendencias del uso de estas instalaciones que emulan en la mayoría de los casos, las actividades que pueden desarrollar los alumnos en un centro educativo o en una excursión, jornada multiaventura o acampada.

Por otra parte, podemos decir que una de las cosas que ha inducido a que, estas nuevas tendencias de parques infantiles tengan éxito y sean seguras, ha sido los esfuerzos de las administraciones públicas para trasladar las actividades que se realizan en el medio natural a la ciudad. Un esfuerzo, motivado, en la mayoría de los casos por la presión de la sociedad a evolucionar para un entorno más confortable, sostenible y seguro. Por ejemplo, podemos citar los corredores verdes que en muchos casos, están en los cordones exteriores de las ciudades, los carriles bici que han tenido una gran acogida en las ciudades y los parques infantiles que por la necesidad de innovar, introducen otros aparatos no tradicionales en sustitución de los columpios, toboganes, etc. Podemos destacar también, las propuestas solidarias de algunos famosos y programas de televisión para construir jardines infantiles dentro de los hospitales de oncología infantil para que todos los niños disfruten al aire libre. Ver internet: http://www.antena3.com/programas/elhormiguero/momentos/juegatera piahormigueroconstruyenjardinninoscancerhospitalpazmadrid

http://www.elcorreo.com/salud/vidasana/20130627/jardininfantilhospit almadrid201306271323rc.html

Desde otro punto de vista, podemos ver que en muchas ciudades ya sea de una forma interesada mediante un compromiso político por cumplir las propuestas de los ciudadanos, o por tener un plan de sostenibilidad y mejorar/proteger el medio ambiente, implican a las autoridades locales a rehabilitar zonas verdes y destinar parte del presupuesto a la mejora, conservación y construcción de infraestructuras deportivas, parques y jardines que sirvan de "pulmón" que renueve la contaminación en aire puro.

De esta manera, según García, H. (2008. Pp.97.), *estas nuevas tendencias constructivas se dirigen claramente a la imitación del medio natural en el entorno urbano porque:*

- *Se trata de ofrecer construcciones tematizadas relacionadas con los elementos esenciales del medio natural.*

- *Serán construcciones que inviten al inicio de nuevas prácticas deportivas o al entrenamiento o perfeccionamiento.*

Además, podemos incluir, en esta aclaración de García, H. (2008. Pp.98.), *el respeto del medio ambiente y sostenibilidad de las ciudades a través de estas "instalaciones verdes". Siguiendo estos tres puntos, podemos encontrar, paseando por cualquier ciudad de España, una serie de "nuevas tendencias constructivas",* pudiendo ser presentadas de una forma pública aunque en algunos casos de forma insólita y clandestina, para poder practicar, sin desplazarse de la ciudad, algunas de las actividades que se realizan en la naturaleza. Por lo tanto,

"el medio urbano se convierte en un mundo urbano para practicar las actividades en la naturaleza, existiendo una infinidad de sitios, como por ejemplo: en los parques, jardines de infancia, parque de bomberos, en las zonas verdes, en los puentes, en las casas, en los colegios e Institutos." Parra, C. (2009).

Podemos ver ya en cualquier rincón de una ciudad, municipio e incluso en urbanizaciones y colegios, instalaciones y espacios dedicados a la práctica de las actividades físicas en un medio urbano, imitando al medio natural. Por ejemplo, las telas de arañas, las tirolinas, los puentes monos, puentes colgantes y de equilibrio, columpios, los rocódromos con presas en forma de ranas, las escaleras flotantes, e incluso parques temáticos dentro de la urbe o en medio natural como playas. Todos estos ejemplos, pueden proporcionar diferentes propuestas de aplicación que pueden servir para introducir este tipo de contenidos de actividades en la naturaleza y así utilizar unos espacios que imiten el entorno natural. Además, podemos considerar estos espacios y materiales como recursos didácticos para nuestra programación de las actividades físicas en el medio natural, constituyendo elementos fundamentales del entorno para crear los diferentes ambientes de aprendizaje y de aventura.

-Norma UNE-EN 1176-1:1999 sobre Equipamiento de las áreas de juego. Parte 1: requisitos generales de seguridad y métodos de ensayo (BOE nº 112, de 11/5/1999).

-Norma UNE-EN 1176-2:1999 sobre Equipamiento de las áreas de juego. Parte 2: requisitos de seguridad específicos adicionales y métodos de ensayo para columpios (BOE nº 142, del 15/6/1999).

-Norma UNE-EN 1176-3:1999 sobre Equipamiento de las áreas de juego. Parte 3: requisitos de seguridad específicos adicionales y métodos de ensayo para toboganes (BOE nº 142, de 15/6/1999).

-Norma UNE-EN 1176-4: 1999 sobre Equipamiento de las áreas de juego. Parte 4: requisitos de seguridad y métodos de ensaño complementarios específicos para tirolinas (BOE nº 142, del 15/06/1999).

- Norma UNE-EN 1176-5: 1999 sobre Equipamiento de las áreas de juego. Parte 5: requisitos de seguridad y métodos de ensaño complementarios específicos para carruseles (BOE nº 197, del 18/08/1999).

-Norma UNE-EN 1176-6: 1999 sobre Equipamiento de las áreas de juego. Parte 6: requisitos de seguridad y métodos de ensaño complementarios específicos para balancines (BOE nº 142, del 15/06/1999).

-Norma UNE-EN 1176-7: 1999 sobre Equipamiento de las áreas de juego. Parte 7: guía para la instalación, mantenimiento, e utilización (BOE nº 167, del 14/07/1998).

La normativa europea (UNE-EN 1176 y 1177) establece una larga serie de exigencias en materia de seguridad para evitar accidentes en los parques de juego infantil. Estas normas recogen los requisitos que deben cumplir los equipos (columpios, toboganes, balancines, etc.) y los materiales utilizados, las dimensiones de los huecos y espacios libres que eviten riesgos de atrapamiento, las distancias y alturas de seguridad, la protección contra caídas y enganchones de ropa y pelo, etc.

Además, hacen referencia a los grosores de recubrimiento de las áreas de juego, a los requisitos de la instalación (por ejemplo, en su cimentación), las distancias libres de obstáculos y al mantenimiento posterior del área de juego. Sin embargo, esta normativa no es de obligado cumplimiento y sólo Francia la aplica en la actualidad. Se trata, más bien, de recomendaciones técnicas de carácter no obligatorio; para ser vinculantes necesitan de una directiva europea o de una ley nacional.

- **Norma UNE-EN 1178:** 1998 sobre Revestimiento de las superficies de las áreas de juego absorbentes de impactos. Requisitos de seguridad y métodos de ensayos (BOE nº 187, del 06/08/1998).

- **Norma UNE-EN 147101**: 2000 sobre el Equipamiento de las áreas de juego, guía de aplicación de la norma **UNE-EN 1176**-1

  (BOE nº 69, del 21/03/2000).

- **Norma UNE-EN 147102 IN**: 2000. Guía para la aplicación de la norma UNE-EN 1176-7 a la inspección y el mantenimiento.

- **Norma UNE 147103**. Apartado 5 "Seguridad y mantenimiento de las áreas de juegos al aire libre". Decretos de aplicación.

- **Normas AENOR.**

Además podemos añadir, otras leyes o decretos que hablan sobre la seguridad en los parques como:

-Ley 1/1998, de 20 de abril, de los Derechos y la Atención al Menor.

-Decreto 127/2001, de 5 de junio, sobre medidas de seguridad en los parques infantiles.

Por otra parte, podemos ver que como Comunidades Autónomas, como van más allá y habla sobre la accesibilidad en estos parques infantiles, como por ejemplo, comenta Palomero, J. 2014. *Normativa sobre Parques Infantiles Accesibles* en blog: http://parquesinfantilesaccesibles.blogspot.com.es/2014/02

La única normativa técnica publicada que trata de la accesibilidad en los Parques Infantiles son las Normas Técnicas del Colegio Oficial de Ingenieros Técnicos Agrícolas y Peritos Agrícolas de Cataluña. Es en el documento NTJ 01A Parte 2: Accesibilidad en los espacios verdes de uso público de las personas con limitaciones o movilidad reducida. Mobiliario adaptado y espacios de uso común accesible (Normas Técnicas de Jardinería y Paisajismo. 1996. Barcelona: Colegio Oficial de Ingenieros Técnicos Agrícolas y Peritos Agrícolas de Cataluña).

Aunque la descripción que hace sobre el tema es muy breve, supone un acercamiento a las necesidades de accesibilidad de estas áreas. En el texto se leen algunas prescripciones interesantes:

-El entorno debe ser seguro y accesible.

-Debe disponer de "juegos infantiles adaptados".

-Debe permitir que los niños con y sin discapacidad jueguen juntos.

En nuestro país, las autoridades han determinado que sea de libre aplicación, lo que provoca un vacío legal; sólo Andalucía y Galicia cuentan con normativa específica sobre parques infantiles.

- **Andalucía:**
  - **Decreto 127/2001, de 5 de junio**, sobre medidas de seguridad en los parques infantiles. Aparte de las especificaciones sobre seguridad, en el Artículo 5 se lee: *"1. Los parques infantiles serán accesibles para los menores con discapacidad, conforme a lo previsto el artículo 49 de la Ley 1/1999, de 31 de marzo, de atención a las personas con discapacidad en Andalucía".* Un ejemplo de parque accesible lo podemos ver en el recién inaugurado en el municipio de Sanlúcar la Mayor (Sevilla). Más información [en línea]: http://www.noticiasaljarafe.es/index.php /sport/itemlist/user/24-redaccion

- **Galicia:**
  - **Decreto 245/2003**, de 24 de abril, por el que se establecen las normas de seguridad en los parques infantiles.

Además, para darle más seguridad a un jardín infantil, contamos con un decálogo de los parques infantiles para que los padres que sin tener que saber y leer estas normativas, puedan conocer una serie de requisitos mínimos que tiene que tener un jardín infantil:

1) Situación: debe estar a más de 30 metros del tráfico rodado y su perímetro estará vallado con medios naturales (setos, arbustos) o artificiales (muros, vallas) para que los niños no accedan a la calzada con facilidad. Aunque es mejor que se encuentren en zonas alejadas del tráfico.

2) Materiales: columpios, balancines, toboganes y otras estructuras serán fabricados con materiales no tóxicos ni conductores de electricidad, que no desprendan astillas ni restos que puedan causar daños. Serán seguros y resistentes, con sujeciones firmes y estables. Se sustituirán elementos metálicos por maderas tratadas y plásticos. Se evitarán salientes y aristas en su estructura, especialmente en los puntos de unión y soldaduras.

3) Abierto a todos: los parques serán creados para el disfrute de todo tipo de visitantes, por lo que su diseño habrá de adaptarse a usuarios con dificultades de movilidad. Evítense escalones, bordillos, pavimentos inapropiados para sillas de ruedas o estructuras sin propuestas de juego adecuadas a estos niños con necesidades espaciales. Además, las inquietudes y necesidades varían según la edad del usuario: la altura de cada tipo de juego, por ejemplo, debe tener en cuenta la edad de los niños. Por esto, existen parques infantiles con un límite de edad. Para menores de 6 años, para menores entre 6 a 10 años, etc.

4) Superficie: se sustituirán las superficies duras, como hormigón o piedra, por pavimentos que amortiguan golpes y caídas (caucho y materiales sintéticos). Si son de arena (un material aceptable), requieren un constante rellenado, mantenimiento y renovación.

5) Guardar las distancias: cada aparato o estructura de juego contará con una zona de seguridad que evite choques entre usuarios de juegos próximos.

6) Conservación y limpieza: los parques infantiles deben mantenerse en las mejores condiciones de uso posibles. A ello contribuyen decisivamente los materiales de alta calidad utilizados en su construcción que aportan gran resistencia frente al vandalismo y la climatología adversa. Asimismo, se advertirá e impedirá la entrada de animales. En muchos de los parques infantiles existe un panel informativo sobre el nombre del parque, prohibiciones, información del hospital o ambulatorio más cercano en caso de accidente, limitación de edad de los niños y el número de teléfono de la empresa que se encarga de los desperfectos, mantenimiento y conservación del parque.

7) Mantenimiento: *se realizaran inspecciones periódicas para garantizar el correcto mantenimiento de los juegos y de la propia área lúdica. Es necesaria la inmediata reparación o retirada de equipos que generen riesgos. Una inspección con la periodicidad adecuada es la mejor medida de prevención.*

8) Adultos responsables: *para que los niños disfruten del juego en un parque infantil y lo hagan con el menor riesgo posible, no sólo cuentan la calidad y el estado de conservación de los aparatos de juego y la zona donde se hallan ubicados; también es fundamental la educación que esos niños reciben de sus padres, que conozcan los riesgos existentes. Los parques no deben olvidar a las personas mayores, incluyendo entre su mobiliario áreas de descanso, bancos para sentarse, zonas de sombra, fuentes, papeleras, etc.*

9) Señalización: *se indicará correctamente la edad de los niños que pueden utilizar los juegos, dónde se debe acudir o a qué número hay que llamar en caso de detectarse desperfectos en la zona o situaciones de peligro. Asimismo, se indicará la ubicación de los centros sanitarios más cercanos.*

10) Diseño y colorido: *los juegos con colores y formas atractivas fomentan la actividad y promueven el entretenimiento y el desarrollo de las capacidades de los niños. Es una zona lúdica, debe ser atractiva.*

Figura 4.4. **Parque infantil atractivo. Fuente: Elaboración propia.**

4.2. LOS PARQUES DE AVENTURA.

Los parques de aventura son otro tipo de espacios e instalaciones de actividades en el medio natural, que aprovecha el entorno tanto urbano, interurbano y natural; y sus recursos naturales para desarrollar un parque temático en medio de la naturaleza. Se han convertido en una tendencia y espacio de moda, que cuentan con más de 150 parques de aventura en toda España, aprovechando espacios naturales dentro de un paisaje urbano. Estas instalaciones de aventura, cada vez son más populares y pueden verse ya en algunos parques y jardines de las urbes como por ejemplo en Córdoba o Sevilla. Sin embargo, los parques de aventura tienen su esencia en espacios interurbanos y naturales, para poder sacar el máximo potencial a las "bondades" de las actividades físicas en el medio natural. Esto ha hecho que se hayan extendido rápidamente y vayan adquiriendo importancia en el ámbito educativo por ser una nueva tendencia emergente, donde *la escuela debe permitir acercar al alumnado a las prácticas sociales de referencia, que son en el caso de la Educación Física, las diferentes actividades físicas, deportivas y artísticas que forman parte de la dimensión cultural de un territorio* (Generelo, E.; Julián, J.A. & Zaragoza, J. 2009).

Para desarrollar este apartado, se ha establecido las siguientes partes:

1. Breve revisión bibliográfica sobre los conceptos, las características comunes y taxonomías sobre los parques de aventura. Con esta primera parte, se pretende dar a conocer los parques de aventura y sus características potenciales dentro del ámbito educativo, además de dar una definición más completa de parques de aventura.

2. Justificación de los parques de aventura en las programaciones didácticas de Infantil, Primaria y Secundaría.

3. Revisión bibliográfica sobre programas y aplicaciones prácticas de las actividades en el medio natural. Con esta revisión, se pretende abrir la mente a los educadores y monitores para poder realizar unas clases más recreativas, entretenidas o utilitarias de una forma motriz y cognitivo, utilizando contenidos sobre los parques de aventura como un elemento más para poder introducirlo en el ámbito educativo a través de unidades didácticas.

4. Propuestas alternativas de trabajos sobre los parques de aventura mediante las diferentes innovaciones educativas de circuitos de aventura, los cuentos motores y los parques infantiles.

5. Crear finalmente una analogía y una diferenciación entre los parques de aventura y los parques infantiles.

Concepto, características comunes y taxonomías sobre parques de aventura.

Son muchos los conceptos sobre este tipo de instalaciones pudiéndose denominar: parques de aventura, circuitos acrobáticos forestales, circuitos de cuerda en altura, ecoparques, recorridos multiaventura en altura, arbolismo, etc. Sin embargo, cuando hacemos referencia a estos, se nos viene a la cabeza en un primer momento, parques de aventura, definido como *recorridos de habilidad en altura que permiten desplazarse de un lugar a otro con autonomía y seguridad* (Pevida, T. 2012). A esta definición podemos sumarle algunas características que veremos a continuación y que hacen un concepto más amplio y específico de lo que es los parques de aventura. Pudiendo definir los *parques de aventura como recorridos acrobáticos de habilidad en altura con un sistema de seguridad y progresión tanto vertical, con una fase de ascenso como de descenso y otra horizontal, las cuales permiten desplazarse de un lugar a otro con autonomía y seguridad.*

Su definición hace pensar en su taxonomía, pudiendo clasificarse, entre otros por:

- Su Finalidad: pudiendo tener un objetivo recreativo, deportivo y educativo.
- Su recorrido: en bucle cerrado o bucle abierto.
- Su distribución:
    - Intensivos, distribución en anillos concéntricos o en tela de araña para poder controlar gran parte o todos los juegos desde un punto central.
    - Extensivos, gran dispersión en los juegos, no hay contacto visual en gran parte de los juegos.
- Según el tipo de material: <u>naturales</u> (árboles y rocas), <u>artificiales</u> con postes de madera, estructura de metal, edificaciones, grandes tirolinas, enormes péndulos, torres de escalada, etc.) y <u>mixtos</u>.
- En función de su movilidad y anclajes, pueden ser: fijos, mixto o portátiles (fáciles de quitar y montar en cualquier espacio).

Figura 4.5. Cartel parque de aventura portátil. Fuente: Elaboración propia.

Pero, sin embargo, todos los parques de aventuras tienen unas características comunes que están presentes en todos como pueden ser:

- Normalmente suelen incluir recorridos acrobáticos en altura y estructuras artificiales de escalada, aunque en algunos, ya prácticamente en todos, podemos ver una tirolina:

  1. Los recorridos acrobáticos en altura es un sistema de construcción que consta de un sistema de progresión (permite el avance del participante), soporte (estructuras destinadas a la instalación de los sistemas de progresión y seguridad) y aseguramiento/seguridad.

  2. La estructura artificial de escalada es un equipo deportivo que simula una estructura de escalada, elaborada a tal fin, con diferentes características constructivas y, diseñadas para diversos usuarios de actividades de escalada deportiva, y que no está reservada para ningún grupo de edad en particular.

  3. La tirolina es una estructura de cuerdas que sirve para finalizar, como medio de descenso o empalmar con otras fases del recorrido.

- La altura, estas instalaciones tiene la particularidad que se realizan a diferentes alturas en función del nivel de experiencia y edad de los participantes, pueden ir generalmente entre los 4 metros a 7 metros de altura. Por este motivo, siempre habrá una zona de ascenso, utilizando por ejemplo, técnicas de escalada y otra zona de descenso, utilizando por ejemplo, una tirolina, escalera o unas redes.

- Implican una serie de riesgos que tienen que minimizar los monitores, mediante una formación específica de la instalación en concreto y de técnicas de evacuación.

- *El sistema de seguridad es como el corazón de cada parque de aventura, en ellos influye la diversión, por la sensación de libertad y seguridad, y su éxito. Los sistemas de seguridad pueden ser: auto-aseguramiento (más conocido en el ámbito de la escalada, vías ferratas, parques de aventura y recorridos de cuerdas ya que fue el primero que se usaba), sistema inteligente de aseguramiento y sistema de línea de vida continua* (Lennarz, S. & Pevida, T. 2014).

- La seguridad de los participantes está garantizadas por medio de equipos de protección individual (EPI´s) homologados conectados a un dispositivo anti caída, que según la norma EN-ISO 17020 deben ser inspeccionados anualmente.

- Todos los participantes, desde su inicio hasta el final, están conectados a una línea de vida, dispositivo anti caída.

- Todos los parques de aventuras requieren de unos requisitos y normas a cumplir para poder hacer un servicio al público. Las normas que definen los requisitos de seguridad tanto en la construcción como en su explotación son las partes 1 y 2 de la Norma UNE-EN 15567. Esta norma define requisitos de materiales, métodos de sujeción de los árboles, colocación de abrazaderas de cables, posiciones de viento, espacios libre y de caída, tirolinas, sistemas de seguridad, entre otros.

- Los parques de aventura son instalaciones que se construyen normalmente anclándose a árboles (recorridos acrobáticos en árboles) o postes de madera de un espacio en concreto, por lo que requieren, según la norma EN-ISO 17020, de un certificado de evaluación arbórea, incluyendo la evaluación del estado fisiológico y mecánico de cada árbol.

- Apta para todos los públicos. Requieren de una progresión didáctica e información inicial (briefing) en donde los participantes aprenden las técnicas básicas para poder progresar por las diferentes fases.

- Los recorridos acrobáticos en altura son circuitos o juegos (trucos) de cuerdas y cable.

- Están adaptados a los niveles de exigencia físico existiendo diferentes recorridos en función de la dificultad y exigencia física. Suelen denominarse recorridos de iniciación, aventura y deportivos.

- *A partir del 2014, se consolidaron en todos los parques de España nuevos sistemas de seguridad, de construcción, nuevos descendedores y rescatadores, y todo tipo inventos e ingenios* (Pevida, T. 2012). Se han dividido en:

    1. **LVC**, *sistemas de LINEA DE VIDA CONTINUA, pueden ser de llave o de polea.*
    2. **MI**, *sistemas de MOSQUETONES INTELIGENTES.*
    3. **OTROS**, *sistemas de redes, railes, etc.*

- En estos nuevos escenarios, los recursos didácticos naturales, artificiales o mixtos adquieren un protagonismo especial llegando a convertirse en guía y orientación del proceso de aprendizaje.

Todas estas características comunes son la base de la filosofía de los parques de aventura. Pero, concretamente nos centraremos en las basadas desde un punto de vista educativo que es la que verdaderamente nos interesa. Dentro de esta finalidad, los parques de aventura poseen una riqueza didáctica y psicomotriz, dirigidas a trabajar los valores y competencias educativas, conocimientos, las habilidades y destrezas, el equilibrio y coordinación. En definitiva técnicas y recursos que permite al alumno desenvolverse y practicar actividades físicas y recreativas en el medio natural. Además, *este acercamiento al medio natural* a través de los parques de aventura, *supondrá unos beneficios para el alumno en la adquisición y desarrollo de las habilidades motrices básicas*, como expresan (Camps, M. C. y Del Moral, J. 1992).

Figrura 4.6. Parque de aventuras. Elaboración propia.

Justificación de los parques de aventura en las programaciones didácticas de Infantil, Primaria y Secundaría.

Como establece Carreiro da Costa (2010):

> *Una "nueva" EF debe ofrecer oportunidades a niños y adolescentes para adquirir conocimientos, desarrollar las actitudes y competencias necesarias, lo que implica la EF como vía para la promoción de actividad física orientada hacia una participación autónoma, satisfactoria y prolongada a lo largo de toda la vida.*

Por lo tanto, aparecen los parques de aventura como nuevos escenarios educativos que adecuados a las exigencias, necesidades y características del marco educativo, desarrollan un potencial psicomotriz y cognitivo para todo los alumnos desde los más pequeños hasta los adolescentes, además de aportar grandes contribuciones a la consecución de las competencias básicas, y a los objetivos de área y etapa como vamos a ver a continuación.

En relación con el curriculum de Primaría (Real Decreto 1513/2006). Con el trabajo de unidades didácticas o sesiones para/en los parques de aventura podemos alcanzar los siguientes objetivos en el área de Educación Física:

- *Conocer y valorar su cuerpo y la actividad física como medio de exploración y disfrute de sus posibilidades motrices, de relación con los demás y como recurso para organizar el tiempo libre.* Los parques de aventuras no sólo propician la actividad física como medio de exploración sino que promueve mediante retos por equipos la relación entre los participantes.

- *Apreciar la actividad física para el bienestar, manifestando una actitud responsable hacia uno mismo y las demás personas y reconociendo los efectos del ejercicio físico, de la higiene, de la alimentación.* Con el manejo de los mosquetones inteligentes (MI), los participantes aprenden a responsabilizarse de uno mismo y de los demás.

- *Utilizar sus capacidades físicas, habilidades motrices y su conocimiento de la estructura y funcionamiento del cuerpo para adaptar el movimiento a las circunstancias y condiciones de cada situación.* Cada fase del parque de aventura presenta un nuevo reto motriz a superar por los participantes.

- *Adquirir, elegir y aplicar principios y reglas para resolver problemas motores y actuar de forma eficaz y autónoma en la práctica de actividades físicas, deportivas y artístico-expresivas.* Al igual que el objetivo anterior, los circuitos de cuerdas son problemas motores que los alumnos deben de resolver sobre la marcha.

- *Participar en actividades físicas compartiendo proyectos, estableciendo relaciones de cooperación para alcanzar objetivos comunes, resolviendo mediante el diálogo los conflictos que pudieran surgir y evitando discriminaciones por características personales, de género, sociales y culturales.* Existen fases o juegos en donde se requiere la participación del grupo para resolver el problema motriz.

Además podemos ver contenidos referentes que se pueden trabajar en las unidades didácticas, sobre todo en el tercer ciclo de primaria, como por ejemplo:

a) Medidas de seguridad en la práctica de la actividad física, con relación al entorno.

b) Uso correcto y respetuoso de materiales y espacios.

c) Adaptación de la ejecución de las habilidades motrices a contextos de práctica de complejidad creciente, con eficiencia y creatividad.

d) Otros contenidos secundarios como: trepa, desplazamientos, cuadrupedias, etc.

e) Otros contenidos no motrices como: respeto y conocimiento del medio natural, la coordinación grupal, cooperación, colaboración, educación en valores, la creatividad y el ingenio.

En relación con el curriculum de Secundaria como podemos ver en el Real Decreto 1631/2006:

OBJETIVOS GENERALES DE AREA	OBJETIVOS GENERALES DE ETAPA
1. Conocer los rasgos que definen una actividad física saludable y los efectos beneficiosos que esta tiene para la salud individual y colectiva.	k) Conocer y aceptar el funcionamiento del propio cuerpo y el de los otros, respetar las diferencias, afianzar los hábitos de cuidado y salud corporales e incorporar la educación física y la práctica del deporte para favorecer el desarrollo personal y social.
2. Valorar la práctica habitual y sistemática de actividades físicas como medio para mejorar las condiciones de salud y calidad de vida.	b) Conocer y valorar la dimensión humana de la sexualidad en toda su diversidad. Valorar críticamente los hábitos sociales relacionados con la salud, el consumo, el cuidado de los seres vivos y el medio ambiente, contribuyendo a su conservación y mejora.
3. Realizar tareas dirigidas al incremento de las posibilidades de rendimiento motor, a la mejora de la condición física para la salud y al perfeccionamiento de las funciones de ajuste, dominio y control corporal, adoptando una actitud de autoexigencia en su ejecución.	g) Desarrollar el espíritu emprendedor y la confianza en sí mismo, la participación, el sentido crítico, la iniciativa personal y la capacidad para aprender a aprender, planificar, tomar decisiones y asumir responsabilidades.
5. Planificar actividades que permitan satisfacer las necesidades en relación a las capacidades físicas y habilidades específicas a partir de la valoración del nivel inicial.	e) Desarrollar destrezas básicas en la utilización de las fuentes de información para, con sentido crítico, adquirir nuevos conocimientos.
7. Conocer y realizar actividades deportivas y recreativas individuales, colectivas y de adversario, aplicando los fundamentos reglamentarios técnicos y tácticos en situaciones de juego, con progresiva autonomía en su ejecución.	g) Desarrollar el espíritu emprendedor y la confianza en sí mismo, la participación, el sentido crítico, la iniciativa personal y la capacidad para aprender a aprender, planificar, tomar decisiones y asumir responsabilidades.
8. Mostrar habilidades y actitudes sociales de respeto, trabajo en equipo y deportividad en la participación en actividades, juegos y deportes, independientemente de las diferencias culturales, sociales y de habilidad.	a) Asumir responsablemente sus deberes, conocer y ejercer sus derechos en el respeto a los demás, practicar la tolerancia, la cooperación y la solidaridad entre las personas y grupos, ejercitarse en el diálogo afianzando los derechos humanos como valores comunes de una sociedad plural y prepararse para el ejercicio de la ciudadanía democrática. d) Fortalecer sus capacidades afectivas en todos los ámbitos de la personalidad y en sus relaciones con los demás, así como rechazar la violencia, los prejuicios de cualquier tipo, los comportamientos sexistas y resolver pacíficamente los conflictos. m) Utilizar la educación física y el deporte para favorecer el desarrollo personal y social.

Tabla 14. Relación entre los objetivos de área y de etapa sobre el trabajo de parques de aventura. Fuente: Elaboración propia.

Contenidos específicos en la etapa de Secundaría en relación con los parques de aventura:

BLOQUE/ CURSO	CONDICIÓN FÍSICA Y SALUD	JUEGOS Y DEPORTES	ACTIVIDADES EN EL MEDIO NATURAL
PRIMERO	Condición física. Cualidades físicas relacionadas con la salud. Acondicionamiento físico a través del desarrollo de las cualidades físicas relacionadas con la salud.	Ejecución de habilidades motrices vinculadas a acciones deportivas.	Las actividades físico-deportivas en el medio natural: tierra, aire y agua. Aceptación y respeto de las normas para la conservación del medio urbano y natural.
SEGUNDO		Cooperación en las funciones atribuidas dentro de una labor de equipo para la consecución de objetivos comunes. Tolerancia y deportividad por encima de la búsqueda desmedida de los resultados.	Realización de recorridos preferentemente en el medio natural. Toma de conciencia de los usos adecuados del medio urbano y natural. Respeto del medio ambiente y valoración del mismo como lugar rico en recursos para la realización de actividades recreativas.
TERCERO		Participación activa en las actividades y juegos y en el deporte colectivo escogido. Asunción de la responsabilidad individual en una actividad colectiva, como condición indispensable para la consecución de un objetivo común.	
CUARTO	Sistemas y métodos de entrenamiento de las cualidades físicas relacionadas con la salud: resistencia aeróbica, flexibilidad y fuerza resistencia. Efectos del trabajo de resistencia aeróbica, de flexibilidad y de fuerza resistencia sobre el estado de salud:	Realización de juegos y deportes individuales, de adversario y colectivos de ocio y recreación. Valoración de los juegos y deportes como actividades físicas de ocio y tiempo libre y de sus diferencias respecto al deporte profesional. Aceptación de las normas sociales y democráticas que rigen en un trabajo en equipo.	Relación entre la actividad física, la salud y el medio natural. Participación en la organización de actividades en el medio natural de bajo impacto ambiental, en el medio terrestre o acuático. Realización de las actividades organizadas en el medio natural. Toma de conciencia del impacto que tienen algunas actividades físico-deportivas en el medio natural.

Tabla 15. Relación entre los objetivos de área y de etapa sobre el trabajo de parques de aventura. Fuente: Elaboración propia.

Como podemos ver y referentes al bloque de contenidos de condición física y salud, podemos utilizar un trabajo de parques de aventura como una forma alternativa para el trabajo de las cualidades físicas básicas y como formas de entrenamiento antiguas como el método natural de Hebert, utilizando los recursos naturales para un acondicionamiento físico.

En cuanto al bloque de contenidos de Juegos y Deportes, podemos realizar un trabajo en equipo tanto dentro de las aulas como in situ, fomentando la tolerancia, la responsabilidad, respeto a las normas y al compañero. También se puede enfocar este trabajo, mediante la iniciación de un deporte individual como la escalada así como la ejecución de habilidades motrices de este deporte.

Por último, podemos ver la relación directa en el bloque de Actividades en el medio natural, pudiendo desarrollarse una parte de la unidad didáctica en el centro escolar.

"Las prácticas de AFMN, como demuestran estudios de García Ferrando (1991, 1996), son las principales actividades que se realizan en el tercer tiempo pedagógico, además cada día son más los docentes que optan por incluir las Actividades Físicas en el Medio Natural (AFMN) dentro de la programación de aula en el área de educación física, por ser más interesantes y motivantes para los alumnos" (adaptado de Granero, A. & Baena, A. 2011).

Por otro lado, dentro de los criterios de evaluación, más concretamente en el número 8, especifica que *los discentes deben mostrar interés por cumplir las normas referentes al cuidado del cuerpo con relación a la higiene y* **a la conciencia del riesgo en la actividad física**, *aspecto fundamental en cualquier tipo de práctica*. Podemos ver que se relaciona directamente los sistemas de aseguramiento y seguridad utilizados en los parques de aventura, ofreciendo la posibilidad tener conciencia del riesgo a través de estos sistemas para auto-asegurarse, siendo responsables del riesgo que corren.

Por último, con el trabajo de este tipo de propuestas de parques de aventura, podemos conseguir muchas de las competencias. Según el anexo 1 del Real Decreto 1631/2006, *"la incorporación de las competencias básicas al currículo permite poner el acento en aquellos contenidos que se consideran imprescindibles"*. En concreto, el trabajo en unidad didáctica sobre los parques de aventura puede contribuir al desarrollo de las siguientes competencias básicas:

- *Competencia social y ciudadana:* la práctica en los circuitos acrobáticos forestales va a contribuir al desarrollo de esta competencia a través del desarrollo de valores como la integración, el respeto, cooperación, etc.

- *Conocimiento e interacción con el mundo físico:* a través del trabajo de los parques de aventura se intenta concienciar a los alumnos del uso responsable del medio natural. Igualmente, se pretende inculcar a los participantes la importancia de la adquisición de hábitos saludables de ejercicio físico con una propuesta recreativa más para ocupar su tiempo de ocio.

- *Competencia de autonomía e iniciativa personal:* como hemos visto anteriormente, con la práctica de esta actividad, como en todas del medio natural, se deben de asumir ciertos "riesgos" para los estudiantes, debido a que se desarrolla en un entorno "desconocido" para ellos y a una determinada altura. La superación de estas sensaciones forma a los alumnos en su autonomía e iniciativa personal, además de mejorar su competencia y autoeficacia (Paxtón, 1999; Priest, 1996), siendo un escenario (el medio natural) ideal que ayuda el autoconocimeinto propio de nuestros alumnos. Otros autores como Nichols y Fines (1995), Parle (1986), Priest (1996) y Paxtón (1999), afirman que las salidas al medio natural tienen efectos positivos sobre la confianza y en la capacidad de resolver con éxito situaciones complicadas, más concretamente los problemas del pánico a las alturas y el paso a la siguiente fase durante el recorrido acrobático. Por lo tanto, mediante el desarrollo de las actividades de los parques de aventura, podemos trabajar de una forma progresiva algunas fobias de los participantes como es el miedo a las alturas, desde la escuela o parques infantiles hasta llegar a los parques de aventura, ya que hay parques de iniciación con la línea de vida a la mano con cuerdas bajas, pensados para los más pequeños (de entre 2 años y 6 años) y para poder realizar una primera práctica e información inicial de la actividad.

- *Competencia para aprender a aprender:* esta competencia se trabaja en la medida en que el alumnado debe ser consciente y ser capaz de regular su propio aprendizaje para poder progresar por las diferentes fases de los parques de aventura. Un aprendizaje que se va adquiriendo durante el desarrollo de la unidad didáctica y trabajo sobre los parques de aventura o simplemente con vivencias en los parques infantiles donde existan algunas de las actividades de aventura como en estos parques.

- *Competencia lingüística:* se contribuye a la consecución de esta competencia por medio del aprendizaje de vocabulario específico relacionado con los parques de aventura, por ejemplo, mosquetones inteligentes, sistemas de seguridad de auto-aseguramiento, arnés, línea de vida continua, etc.

La realización de este tipo de actividades sobre los parques de aventura mediante una progresión desde el centro educativo o desde los jardines infantiles, son otro paso más para conseguir acercar al alumno al medio natural. De esta forma, con una actividad de este tipo, el alumno podrá tener (posiblemente) su primera experiencia con este tipo de prácticas, en un entorno menos conocido como es el medio natural, reduciendo en algunos casos el estrés que puede producir enfrentarse a este tipo de actividades.

Diapositiva 1. Progresión didáctica en los parques de aventura. Fuente: elaboración propia.

Para el desarrollo de las sesiones sobre los parques de aventuras, en función del nivel y las características del entorno educativo y del alumno, se pueden plantear una serie de sesiones, manteniendo una adecuada intervención educativa. Siguiendo esta idea, debemos ir de lo global a lo específico, desde el centro o en este caso desde un parque infantil, pasando por el centro educativo para terminar en la práctica en el medio natural, en este caso, los parques de aventuras.

Con respecto a una de las partes de los parques de aventura, las estructuras artificiales de escalada, podemos establecer también una progresión en la enseñanza de la escalada dentro de los parques de aventura modificando o eligiendo los elementos o estructuras que sean más adecuadas para la progresión didáctica, siguiendo a los autores Querol, S. y Marco, J.M. (1998), podemos poner varios ejemplos:

- En algunos parques podemos elegir diferentes circuitos en función de la inclinación y forma de la pared. A mayor inclinación, mayor dificultad.
- La altura o la longitud de la misma. Primero se empieza con poca altura y con las presas muy cerca. La progresión didáctica y la enseñanza inicial (briefing) que se suele hacer en los parques de aventura es a poca altura, casi a "ras" de suelo y en tramos cortos.
- La dificultad de la salida: es lo más difícil técnicamente y donde cuesta más trabajo encontrar soluciones. Normalmente, en los parques de aventura las fases de ascenso son fáciles con las presas cerca del suelo.

Innovaciones educativas y analogías entre los parques de aventura y los jardines infantiles.

Por ejemplo, si tratamos estos contenidos en una etapa Infantil y Primaria, debemos saber que tendremos que ofrecerles unos patrones motrices básicos, por ejemplo a través de cuentos motores como podemos ver en los trabajos de Iglesia, J. (2008) y Ruiz J.V. (2009; 2011), utilizando los materiales y los espacios como posteriormente lo haremos en los parques de aventura. Para ello, una buena forma de iniciar estas sesiones es trasladarse a un jardín infantil, quitando el factor altura, para realizar actividades que luego nos podemos encontrar en los parques de aventura.

Además, con el trabajo en el área de juegos infantiles de los centros de enseñanza primaria o en parques cercanos, se adquiere un carácter insustituible en las primeras etapas educativas.

> *"Nos estamos refiriendo a un espacio seguro, acogedor y agradable que incite a todo tipo de respuestas motrices y a desarrollar una actividad libre sin vigilancia específica. Así se conocen los beneficios de los juegos desde la etapa de Infantil (0- 3 años y de 4-6 años), la Primaria (6-12 años) y la etapa de Secundaria (de 12 a 16 años)"* en López, M. & Estabé, E. 2002.

Así pues, si tenemos la suerte de tener en nuestro centro educativo o cercano a este, podemos realizar las siguientes progresiones didácticas, permitiendo al alumno unas vivencias nuevas y la adquisición de unos patrones motrices básicos que le resultarán familiares para poder desarrollar con éxito las actividades de los parques de aventura. Podemos ver varios ejemplos a continuación:

1. Puentes o escalones que pueden representarse con ladrillos de psicomotricidad.

Diapositiva 2. Pasos de escalones en los parques de aventura. Fuente: elaboración propia.

2. Zonas de equilibrio o pasos estrechos o de troncos. Pueden reemplazarse por bancos suecos o esquís colaborativos.

Diapositiva 3,4. Pasos estrechos de troncos en los parques de aventura. Fuente: elaboración propia.

3. Telas de araña.

Diapositiva 5. Tela de araña en los parques de aventura. Fuente: elaboración propia.

4. Las redes de asalto que podemos encontrar en los parques infantiles pueden sustituir las redes de asalto que posteriormente te encontraras en los circuitos de cuerdas acrobáticos.

Diapositiva 6,7 Red de asalto en los parques de aventura. Fuente: elaboración propia.

5. Los puentes tibetanos realizados con cuerdas de los parques de aventura también pueden resultar familiares en los parques infantiles.

Diapositiva 8. Puentes tibetanos en los parques de aventura. Fuente: elaboración propia.

6. Pasamanos. Los pasamanos pueden encontrarse en los jardines infantiles, así como pueden realizarse en los centros educativos, mediante construcciones con cuerdas y un pasa block.

Diapositiva 9. Pasamanos en los parques de aventura. Fuente: elaboración propia.

7. La fase de ascenso mediante estructuras de escalada pueden sustituirse en los jardines infantiles como rocódromo baby.

Diapositiva 10. Fase de ascenso en los parques de aventura. Fuente: elaboración propia.

8. Muchos de los parques infantiles que nos podemos encontrar en cualquier ciudad o rincón, pueden simular perfectamente un parque de aventura. Por ejemplo, en la fase de descenso, el parque infantil puede verse representada por un tobogán y en un parque de aventura por una tirolina. En la fase de ascenso, el parque infantil puede verse representado por un pequeño rocódromo o escalera y en un parque de aventuras por un rocódromo en un árbol. Un paso de red de asalto vertical puede verse en un jardín infantil y en un parque de aventura (pero más alto). Por último, el paso de un puente puede darse en los dos espacios, lo que varía es la altura y el tipo de agarre.

Diapositiva 11. Analogías entre los parques de aventura y jardines infantiles. Fuente: elaboración propia.

Una vez que hemos encontrado un espacio o parque infantil adecuado, modificado o adaptado para este tipo de trabajo, desarrollaremos un cuento motor. El cuento motor, según Ruiz, J.V. (2011) va a propiciar la consecución de una serie de competencias básicas que van a integrar conocimientos, formas de actuar, maneras de llevar a cabo ejercicios o de resolver problemas, etc. Inventaremos una historia acorde a los espacios, elementos y actividades que vamos a realizar. Es importante que los elementos se traten con imaginación y adecuarlos a los objetivos del cuento motor a desarrollar, siendo conscientes del nuevo.

Ya en el centro educativo, en una etapa de primaria y secundaria, podemos plantear este trabajo de parques de aventura mediante la construcción de ambientes de reto y de aventura (Gómez, V. 2006. Pp.12). Para ello, tendremos que tener en cuenta:

- *La utilización de todo tipo de recursos materiales, en especial de aquellos que provienen de la escalada (seguridad).*

- *Que el ambiente creado este en consonancia con los objetivos y contenidos establecidos.*

- *Crear construcciones y montajes atractivos y sugerentes para motivar al alumno teniendo en cuenta su nivel y habilidad motriz.*

- *Contemplar las normas de seguridad en el desarrollo de determinados contenidos.*

Como forma de iniciación podemos simular el mismo recorrido de un circuito acrobático en el suelo para que los alumnos aprendan a afrontar de forma creativa diferentes problemas y sus posibles soluciones, e incluso podemos ofrecer diferentes actividades de atención a la diversidad, por ejemplo niños con deficiencia visual, etc. De esta forma, se crea un espacio de cooperación y enriquecimiento para los alumnos, dando más importancia en un nivel cognitivo y/o afectivo que sólo a un nivel motriz.

Sin embargo, en la etapa de Secundaría, tenemos que plantear otro tipo de actividades más interesantes y atractivas para estos alumnos ya que:

> *"Los niños estarán interesados por los juegos de aventura y les gustará explorar el espacio, a través de juegos de batallas, de escaladas y de construcción. Además, en esta etapa se alcanza el desarrollo máximo de la coordinación, las capacidades físicas y motoras, adaptando sus patrones motores ya establecidos en su etapa anterior" (Masnou, M, 1985. Pp.10).*

Por este motivo, se necesitará alguna estructura o tipo de material para desarrollar la coordinación neuromuscular en grupo e individualmente. *Además:*

> *"El niño-adolescente siente un interés creciente por diversas formas de deportes, siguiendo básicamente el modelo adulto que se le ofrece constantemente en los diferentes medios de comunicación. Va a precisar unos espacios más definidos, con un mayor grado de especificidad y estructurados para poder llevar a cabo esas actividades en condiciones similares a las que disfrutan los mayores" (Buchartz, B. 1994. Pp.73).*

Lógicamente, los alumnos de Secundaria, en la mayoría de los casos, no pueden hacer ningún trabajo en los parques infantiles puesto que no se permite a niños mayores de 12 años y no nos garanticen la consecución de los patrones motrices y habilidades que deseamos. Por lo tanto, habrá que trabajar de una forma más específica y atractiva ofreciendo actividades sobre los parques de aventura una forma más específica mediante la escalada en rocódromos y el manejo de cuerdas, trabajos cooperativos en grupo, mediante el trabajo de algunas innovaciones didácticas, como por ejemplo: sobre vías ferratas (Baena-Extremera, A., Ayala-Jiménez, J. D., & Ruiz-Montero, P. J.2014; VVAA 2014), espeleología (Baena, A., & Granero, A.

2009), juegos y circuitos de aventura (Sánchez, J. A. 2004), escalada en rocódromos (González, J. 2004; Moreras, J y Leyton., M. 2011; Beas, M. y Blanes, M. 2010).

Podemos concluir este apartado sobre los parques de aventuras con estas reflexiones:

- Actualmente, contamos con 24 parques de aventuras de los más de 150 parques distribuidos por toda España; esto hace que un trabajo sobre los parques de aventura sea cada vez más accesible para todos los centros educativos, debido a su cercanía de sus instalaciones. Esto no quita, que necesitaremos el transporte público en autobús para poseer realizar estas actividades.

- Los *parques de aventura son recorridos acrobáticos de habilidad en altura con un sistema de seguridad y progresión tanto vertical con una* fase de ascenso como de descenso y otra horizontal, las cuales permiten desplazarse de un lugar a otro con autonomía y seguridad.

- La escuela debe permitir *acercar al alumnado a las prácticas sociales de referencia, que son en el caso de la Educación Física, las diferentes actividades físicas, deportivas y artísticas que forman parte de la dimensión cultural de un territorio* (Generelo, E.; Julián, J.A.& Zaragoza, J. 2009).

- Como hemos podido comprobar, podemos ampliar el trabajo de los contenidos de las actividades físicas en el medio natural añadiendo en nuestras programaciones unidades didácticas sobre los parques y los circuitos de aventura, mediante trabajos complementarios de otros temas como las vías ferratas, espeleología, rápel y escalada.

- Los parques de aventura son aptas para todos los públicos teniendo una progresión didáctica específica para facilitar los recorridos por las diferentes fases de estas instalaciones de aventura.

Diferencias entre los parques infantiles y parques de aventura

Una vez visto, cada uno de estos parques, tanto infantiles como de aventura, tenemos que tener en cuenta las diferencias que hay en cada uno de ellos para poder limitar el trabajo y no tener confusiones en cada uno de ellos, así conoceremos sus limitaciones o ventajas. Existen las siguientes diferencias:

  - Los parques infantiles están a poca altura y los parques de aventura están a una altura gradual de 4 metros hasta 7-10 metros. Por lo tanto, los últimos tienen un sistema de seguridad anti caída.

- Los parques estarán supervisados por los propios padres, tutores o docentes; en los parques de aventura tienen que estar supervisados por un monitor especializado en parques con técnicas de evacuación y rescate.

- En un jardín infantil se desarrollan patrones motrices básicos y en los parques de aventura pueden desarrollarse otros patrones complementarios y específicos desde la trepa a la escalada. En definitiva, en los parques infantiles pueden desarrollarse la educación física básica y en los parques de aventura una enseñanza de la educación física con un carácter más específico y adaptado al desarrollo evolutivo del alumno de Secundaria.

- En un parque infantil se podrá desarrollar una creatividad mediante un juego simbólico o cuento motor, sin embargo, en un parque de aventura pueden desarrollarse otros contenidos más específicos y orientados a la consecución de temas transversales, trabajo en equipo, etc.

- Como hemos visto antes, los parques infantiles tienen limitada la edad en función de las instalaciones adaptadas a niños más pequeños (3-6 años) y otros más grandes (6-12 años). En los parques de aventura no hay límites de edad, pudiendo participar todo el mundo por tener diferentes circuitos adaptados a la edad y evolución de los niños.

- Como hemos visto, no existe aún una normativa o ley que regule estos espacios, sin embargo, hemos podido comprobar cómo hay una serie de normas de seguridad tanto en los parques infantiles (normativa europea pero sin obligación de cumplimiento en nuestro país) y en los parques de aventura (necesarias su cumplimiento para poder homologarse y abrirse al público), ambas relacionadas con los requisitos de seguridad en la construcción como en la explotación e inspección de la instalación y aparatos que contienen. Los parques infantiles se rigen requisitos o normas europeas por UNE- EN 1176 y los parques de aventura, sin embargo, están reguladas por las normas UNE-EN 15567 y norma EN-ISO 17020 (normas de inspección).

DEL PARQUE INFANTIL AL PARQUE DE AVENTURAS

PARQUE INFANTIL	PARQUE DE AVENTURA
• POCA ALTURA. • SUPERVISIÓN DE PADRES O DOCENTE. • PATRÓN MOTOR BÁSICO. • ENSEÑANZA EF BÁSICA. • CREATIVIDAD INDIVIDUAL. • LIMITACIÓN EN EDAD DE LOS PARTICIPANTES. • NORMA UNE-EN1176-7.	• EN ALTURA. • SUPERVISIÓN POR MONITORES ESPECIALIZADOS. • TÉCNICAS ESPECÍFICAS. • TRABAJO EN EQUIPO. • APTO PARA TODAS LAS EDADES. • NORMA UNE-EN 15567. • SISTEMAS DE SEGURIDAD ANTICAIDA.

Diapositiva 12. Diferencias entre los parques infantiles y parques de aventura. Fuente: elaboración propia.

4.3. ROCODROMOS. INSTALACIONES ARTIFICIALES PARA LA PRÁCTICA DE LA ESCALADA Y TREPA.

Como ya hemos visto en capítulos anteriores, existen a día de hoy, diversas innovaciones educativas sobre la trepa y escalada en rocódromos: con material alternativo, en pared o incluso fabricando sus propios rocódromo en los centros educativos (Baena-Extremera, A., Ayala-Jiménez, J. D., & Meroño Subirat, P. J. 2014; Moreras, J y Leyton., M. 2011; Puchalt, J.M. & Sánchez, V. 2011; Briongos, F. y Pérez O. 2008; Casero, O. 2007; Beas, M. y Blanes, M. 2010). Aunque tenemos que decir que estos contenidos ya llevan haciéndose desde hace tiempo con las trabajos de escalada como: Callejón, J. A., Pérez, S., & De Haro, I.1999; Fernández-Río, J.2000; Marinho, A. y Turini, H. 2001; Cepero, M.M. y Ballesteros, F.J. 2003; Sánchez, V 2003; Rovira, R. 2004, etc.

AUTOR/ES	AÑO	INNOVACIÓN EDUCATIVA
Callejón, J. A., Pérez, S., & De Haro, I.	1999	La escalada en los centros de enseñanza.
Fernández-Río, J.	2000	La trepa y la escalada: contenidos del bloque de actividades en el medio natural fácilmente aplicables dentro del marco escolar
Marinho, A. y Turini, H.	2001	La escalada y las actividades de aventura.
Cepero, M.M. y Ballesteros, F.J	2003	El amigo rocódromo en la escuela: propuesta práctica de una unidad didáctica para el desarrollo de los contenidos de educación física en primaria
Ballesteros, F.J., Cepero, M	2003	*Creación y pragmación del rocódromo en la educación física en primaria*
Sánchez, V.	2003	*La Escalada en Bloque Indoor: una modalidad de escalada para todos.*
Rovira, R	2004	La escalada en la escuela: una experiencia práctica.
Casero, O.	2007	Creación de un rocódromo interdisciplinar.
Briongos, F. y Pérez O.	2008	Una estructura para escalar en la escuela.
Beas, M. y Blanes, M.	2010	Posibilidades pedagógicas de la escalada en rocódromo.
Puchalt, J.M. & Sánchez, V.	2011	La construcción de un rocódromo escolar por los alumnos del programa INTEGRA: el caso del IES Albal.
Moreras, J y Leyton., M	2011	Propuestas pedagógicas para la escalada deportiva. Del suelo a la vertical.
Baena-Extremera, A., Ayala-Jiménez, J. D., y Meroño Subirat, P. J.	2014	Cómo construir un rocódromo de escalada: ideas para Educación Física.

Tabla 16. Innovaciones educativas sobre rocódromos.

No obstante, estas propuestas en los centros educativos no pueden quedarse como una aportación educativa más, sino que debe ir más allá, sirviendo de incentivo y motivación para que nuestros alumnos ocupen su tiempo de ocio y recreación en realizar actividades físicas en el medio natural, proporcionando una autonomía en los alumnos para poder realizar dichas actividades por cuenta ajena. Para ello, se recomienda a la hora de desarrollar las actividades de trepa y escalada, que se realice un estudio sobre las posibilidades que hay para realizar estas actividades dentro de su ciudad o pueblo. Además, se tendrá que conocer su concepto y taxonomía básica para que los ellos mismos elijan y sean autónomos para ocupar su tiempo de ocio mediante la escalada en diferentes tipos de rocódromos. Por ejemplo proponemos las siguientes taxonomías:

- Según su finalidad: recreativa o de ocio, educativa, deportiva.
- Según la ubicación: outdoor, indoor.

Figura 4.7. Rocódromo indoor para el Campeonato Nacional de escalada Gijón. Fuente: Elaboración propia.

- Según su movilidad para su desplazamiento: portátiles o móviles, fijos y eventuales o rotacionales.

Figura 4.8. Rocódromo móvil. Fuente: Elaboración propia.

- Según el material de las presas: natural (rocas), plástico, infantiles, tacos de madera, resina, profesionales o deportivas, clandestinas.

- Según la base donde se agarren las presas: natural, paneles, yeso, pared o muro, etc. Los rocódromos pueden ser (adaptados de Ballesteros, F.R., Cepero, M. 2003):

    o **Rocódromo fijo:** *sobre una pared de ladrillo, hormigón, láminas de madera, muro de mampostería, un tronco de árbol, pegamos con una resina especial llamada "Sikadur" piedras o presas de resina. Otra posibilidad para fijar las presas a la pared es utilizar el taladro, y sobre la pared practicar un agujero en el que ajustaremos los tacos metálicos, que pueden ser Spit, Dinabolt, Parabolt. Las presas irían atornilladas con estos tacos metálicos para dar mayor consistencia a la presa. Otra técnica es la empleada para arbolismo que consiste en poner las presas mediante cintas tensadas.*

o **Rocódromo abatible fijo, o con movilidad.** Cuando nos planteamos construir un rocódromo de este tipo, nos decantamos por utilizar esta modalidad con una estructura fija, en donde su parte inferior siempre está dispuesta verticalmente y fija, y es la parte superior la que le da la calidad de "abatible" debido a que se puede modificar su grado de inclinación provocando diferentes fases o modulaciones de dificultad en el rocódromo, como son favorables a la gravedad, desfavorable a la gravedad y vertical. Para ello utilizaremos una estructura metálica, a la que incorporaremos unos paneles de maderas, y sobre los que atornillaremos las presas.

Los andamios de la construcción también son una buena solución para construir rocódromos, poniendo en uno de los laterales, paredes de madera con presas.

- Según el medio donde se ubiquen: terrestre o acuáticas.
- Según su temática: jardines infantiles, parques temáticos, parques de aventura.

Figura 4.9. Rocódromos temáticos.

- En función del desplazamiento del participante: horizontal (tipo Boulder) o vertical.

Figura 4.10. Rocódromo vertical sobre un árbol(arbolismo).

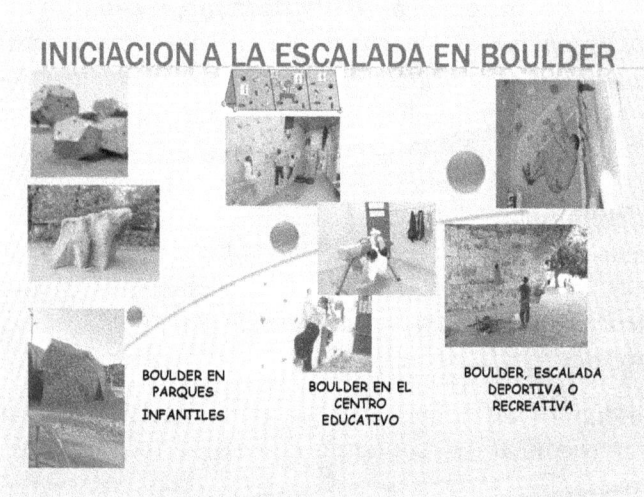

Diapositiva 13. Iniciación a la escalada Boulder en rocódromos alternativos. Fuente: Elaboración propia.

- Según su utilidad: unifuncionales, multifuncional (Boulder y escalada, espeleología), complementarios o de continuación (después tienen una tirolina).

Figura 4.11. Rocódromo multifuncional de escalada y espeleología. Fuente: Elaboración propia.

Por otra parte, tenemos que ver la oferta de rocódromos que hay en la ciudad o pueblo para poder practicar la escalada en estas instalaciones. Por ejemplo, en Sevilla, existen 6 rocódromos conocidos y homologados dentro de polideportivos, complejos universitarios, centros comerciales, en naves, en gimnasios y todos ellos han surgido por diversas iniciativas ciudadanas, docentes, empresariales o recreativas. Además, existen diferentes escuelas de escalada donde se puede practicar este deporte e incluso recibir clases gratis, como en el caso del rocódromo del Polideportivo IFNI. Por otra parte, de una manera más privada o "clandestina", hay rocódromos en los garajes de las casas, o de una manera más "altruista" o libre, debajo de puentes, paredes, patios de colegios y gimnasios; y en los centros comerciales, como en el caso del centro comercial de San Jerónimo que ofrece un parque con un rocódromo, gestionado por una empresa de turismo activo.

Sin embargo, desde edades tempranas, podemos disfrutar de la trepa y la escalada sin tener que desplazarse demasiado lejos, ya que podemos encontrar rocódromos en los parques infantiles, sirviendo de complemento o alternativa para nuestras programaciones, teniendo una gran similitud entre el original y el que se puede ver en los jardines infantiles. Lo único que lo diferencia es que están fuera del centro educativo, son estructuras más pequeñas, las presas pueden ser de otro tipo de material (pueden ser temáticas), no existe riesgo de caídas en altura y se pueden realizar en un tercer tiempo educativo.

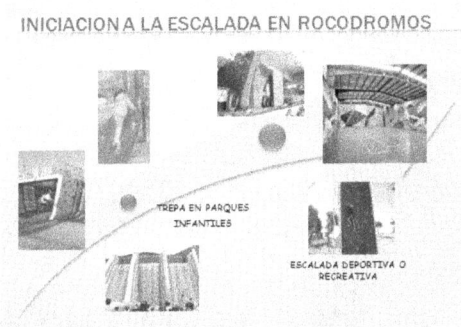

Diapositiva 14. Iniciación a la escalada en rocódromos desde los parques infantiles. Fuente: Elaboración propia.

No podemos olvidar, desde una perspectiva deportiva, las iniciativas de asociaciones y clubs deportivos para construir y gestionar un rocódromo para poder realizar deporte u ocupar su tiempo libre y ocio, reutilizando un espacio clandestino. Podemos ver cómo, un club de escalada, le saca el máximo potencial a una instalación pública como es una torre de agua, un depósito de agua antiguo. El club de escalada de Arahal, aprovechó un espacio inutilizado, gracias a los esfuerzos del ayuntamiento, para construir el rocódromo más alto de España, siendo sede de la Copa de Andalucía de Escalada. *Este rocódromo cuenta con el respaldo del ayuntamiento con un presupuesto de 35.000 euros, 150 metros cuadrados escalables y 25 metros de altura*; accesible para todos los públicos gracias a las diferentes vías de progresión, desde fáciles hasta vías con desplomes e inclinaciones. Podemos ver más acerca de este pozo de agua convertido en rocódromo en web: http://elcorreoweb.es/historico/la-torre-del-agua-acogera-el-rocodromo-mas-alto-de-espana-LHEC542779; http://arahalinformacion.com/el-rocodromo-de-arahal-posible-sede-de-la-final-de-la-copa-de-andalucia-de-escalada;

http://gatosconcasco.desnivel.com/blogs/2014/01/27/rocodromos-impresionantes/

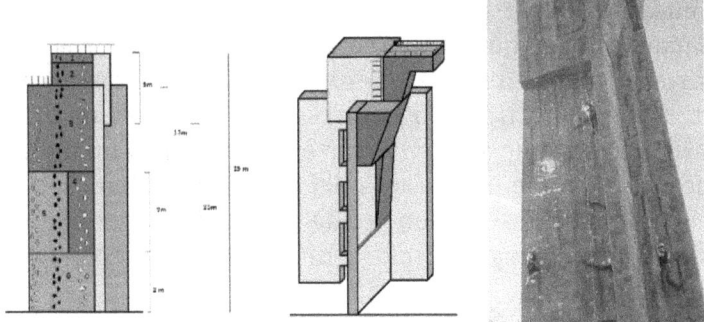

Figura 4.12/13. Rocódromo montado en una torre de agua. Fuente: http://gatosconcasco.desnivel.com/blogs/2014/01/27/rocodromos-impresionantes/

Ejemplos como este, de aprovechar espacios inutilizados o alternativos, podemos encontrar en diferentes rincones de España y del mundo. Para más información podemos consultar el blog: http://gatosconcasco.desnivel.com/blogs/2014/01/27/rocodromos-impresionantes/ y así ver construcciones de rocódromos en espacios y lugares insólitos:

- En iglesias transformada en casa cultural para la escalada y tirolina. Iglesia de Ibort (Huesca, España) o en la Iglesia St Benedicts en Manchester (Reino Unido).

- En casas piloto "ocupas" en pleno centro de Sevilla convertida en un rocódromo llamado la madriguera.

Figura 4.14. Rocódromo clandestino en casa ocupa. Fuente: Elaboración propia.

- Debajo de puentes como el Alamillo podemos encontrar diferentes vías de escaladas que se han ido realizando a lo largo de los años hasta llegar a una instalación artificial para escalar.

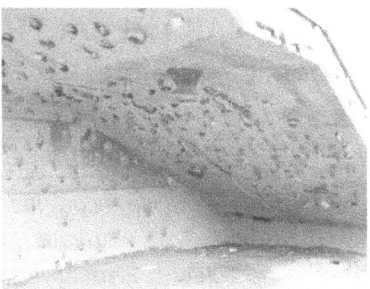

Figura 4.15. Rocódromo clandestino debajo de un puente. Fuente: Elaboración propia.

- En campus universitarios, como el Campus de la Universidad de Twente Enschede (Países Bajos), el campus de la Universidad Pablo de Olavide (Sevilla) o el campus de Pontevedra.

- En paredes de hoteles como Base Camp en Reno (Nevada, EE.UU.) encontramos en el segundo piso del Whitney Peak Hotel.

- En la pared de una antigua torre de enfriamiento de energía nuclear Wunderland en Kalkar (Alemania), existe un rocódromo de casi 40 metros.

- En la pared de una presa La Diga di Luzzone, en cantón del Tesino (Suiza), con sus 165 metros es considerada uno de los muros de escalada más grandes del mundo.

Además, si no hubiese estructuras para escalar, otra forma de practicar este deporte es hacerlo en casa. Por ejemplo, existen diferentes iniciativas que deciden montar su propio rocódromo en casa, bien sea en el patio de su parcela o en el garaje de su casa. Aunque estas iniciativas son más caras, tienen la posibilidad de montar un rocódromo a tu medida y homologado por empresas que se dedican al montaje de estructuras de escaladas.

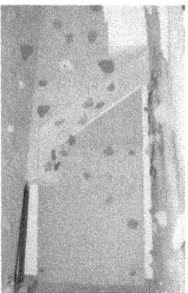

Figura 4.16. Rocódromo clandestino en el garaje de una casa particular. Fuente: Elaboración propia.

4.4. NUEVOS ESPACIOS PARA PRACTICAR ACTIVIDADES FÍSICAS Y DEPORTIVAS EN EL MEDIO NATURAL O COMO TURISMO ACTIVO.

> *"La naturaleza esconde una inmensidad de formas de trabajo; para la utilización de espacios, el disfrute personal y colectivo, descubrimiento de nuevas tendencias, superación personal, búsqueda de nuevas emociones, trabajo en equipo, etc. En la actualidad, hay un mayor interés por explorar, practicar e innovar nuevas tendencias en el medio natural que originan una inquietud que se debe satisfacer de una forma u otra"* (Parra, C. 2014).

En algunos casos, por las circunstancias espaciales del entorno, los usuarios de las actividades en la naturaleza se ven obligados a desplazarse para poder realizar algunas de las actividades físicas en el medio natural. Sin embargo, esta tendencia está cambiando, bien sea por la falta de tiempo, puesto que necesitan realizar estas actividades con más constancia; o por problemas económicos, nos vemos con la obligación de reinventarnos.

Como hemos comentado anteriormente cualquier espacio o rincón de nuestras urbes pueden ser transformadas en actividades que se pueden practicar en el medio natural, además de ser nuevos espacios innovadores para practicar actividades físicas en el medio natural en una ciudad. Además, estas acciones se están realizando en centros educativos y se pueden practicar de una forma más recreativa en los jardines infantiles, parques de aventura y rocódromos como hemos visto. En este caso, damos un paso más, y dedicamos este apartado a las actividades propias de la naturaleza que organizan las empresas de turismo activo en un espacio urbano o interurbano.

Podemos ver que hoy día está siendo ocupados los espacios y dichas actividades por los clubes y centros educativos, quitándole el protagonismo que se merece a estas empresas, ya que, son las que legalmente están capacitadas para proporcionarte una cobertura legal y segura, bajo el amparo de un Decreto específico para Andalucía Decreto 20/2002, de 29 de enero, de Turismo en el Medio Rural y Turismo Activo en Andalucía y modificado por la ley 13/2011, del turismo de Andalucía o el Decreto 80/2010.

Desde esta vía de las empresas de ocio al aire libre, podemos ver que casi todas las actividades reflejadas como de turismo activo, pueden cobrar vida en cualquier rincón de una ciudad o un espacio interurbano dando un especial protagonismo a nuevos espacios cerca de nuestras ciudades. Por lo tanto, podemos decir que surge una nueva tendencia actual y efectiva como es traer o adaptar estas actividades en las urbes sin necesidad de desplazarnos hacia la naturaleza; ya que estos espacios para la práctica de estas actividades, han ido emergiendo muy rápidamente, siendo protagonistas en jardines y parques, plazas, colegios, en centros comerciales, polideportivos, etc.

Por lo tanto, son muchos los espacios de diferentes ámbitos los que pueden servir para disfrutar de la naturaleza en un medio urbano y a la vez, ayudarnos a mejorar nuestra calidad de vida. Por ejemplo, dentro de un parque se puede hacer actividades de ocio al aire libre como escalada, senderismo o Nordic Walking, rutas ecuestres, hidropedales, cicloturismo, esquí acuático, piragüismo, canicross, trail, etc. Casi todas estas actividades deberían estar organizadas por empresas de turismo activo, las cuales, no pueden quedarse atrás en esta "revolución", puesto que clubes y empresas que no están registradas como turismo activo, están desarrollando este tipo de actividades de una forma clandestina.

Antes de continuar, debemos conocer que actividades son consideradas como de turismo activo, y así saber, cuál de estas actividades tienen una cobertura legal, siempre y cuando estén organizadas por empresas de turismo activo. Para ello debemos recurrir al Decreto 20/2002, de 29 de enero, de Turismo en el Medio Rural y Turismo Activo en Andalucía, que define Turismo Activo en su artículo 4. Actividades de T.A.:

> *"Se consideran actividades propias del turismo activo las relacionadas con actividades deportivas que se practiquen sirviéndose básicamente de los recursos que ofrece la naturaleza en el medio en el que se desarrollen, a las cuales les es inherente el factor riesgo o cierto grado de esfuerzo físico o destreza".*

> *En la actualidad, podemos decir que las empresas de turismo activo son aquellas que se dedican profesionalmente a prestar a sus clientes, servicios de actividades recreativas basadas en los recursos que ofrece la propia naturaleza en el medio en el que se desarrollan, sea éste aéreo, terrestre, tanto de superficie como subterráneo, acuático o subacuático, y a las que es inherente un nivel de riesgo que exige ciertas condiciones psicofísicas, así como cierta destreza, habilidad o conocimientos técnicos para su práctica. Asociación Nacional de Empresas de Turismo Activo (a partir de ahora ANETA) 2015.*

Una vez conocido estos conceptos, podemos establecer un listado de actividades de ocio al aire libre que se pueden realizar en los espacios urbanos pero que se deberían organizar por empresas de turismo activo o club deportivos para tener una cobertura legal por los organismos competentes. Sin embargo, los practicantes de estas nuevas tendencias, siguen realizando actividades y deportes que no están catalogados, encontrándose en un limbo ilegal y que por lo tanto, se practican con ciertos riesgos tanto personales como penales. Por ejemplo, escalar utilizando los bajos de los puentes, pueden multarse en algunos municipios.

Resulta imposible dar todos los ejemplos de estas tendencias de aprovechamiento de espacios en cualquier ciudad, pero nos centraremos en la ciudad de Sevilla y en las actividades propias de turismo activo sin la necesidad de desplazarse al medio natural (Parra, C. 2014, pp. 96-119):

- ✓ **Piragüismo:** muchas personas conocen las actividades que se organizan en las ciudades de piragüismo, en este caso, en la dársena del rio Guadalquivir; pero muchas se creen que estos espacios y nuevas formas de visitar una ciudad, no están al alcance de ellos porque no tienen la suficiente información (se piensan que son para deportistas). Sin embargo, cualquier persona puede realizar esta actividad si se plantea y va a un club deportivo o empresa de turismo activo. Por ejemplo, existen los cursos de iniciación de piragüismo que ofrecen diversas entidades privadas y públicas, delegando sus funciones a empresas de turismo activo (en el Centro Especializado de Alto Rendimiento de Remo y Piragüismo). Además, ya existen en Sevilla, diferentes clubes de piragüismo que ofrecen cursos y rutas de piragüismo, dentro de algunos parques de Sevilla, como por ejemplo el parque del Alamillo, el parque de las Graveras, el Majuelo, etc. Todos estos parques, al igual que todos los parques de las ciudades que tengan una lámina de agua, pueden habilitar una serie de embarcaderos para dicha práctica. Es una tendencia que la están desarrollando los clubes, pero que, deberían organizarse por las empresas de ocio al aire libre, siempre y cuando no tengan la función de iniciación deportiva, que corresponderá a los clubs y asociaciones deportivas.

Figura 4.17. Actividad de piragüismo en la dársena del Guadalquivir Elaboración propia.

- ✓ **Hidropedales:** algunas empresas de hidropedales se han situado ya en las inmediaciones de la dársena del río Guadalquivir en su paso por Sevilla. Aunque estas empresas no están dadas de alta como empresas de turismo activo.

- ✓ **Senderismo:** podemos citar los programas de senderismo (caminando por Sevilla) del Instituto de Deportes de Sevilla, que a través de empresas de turismo activo y clubes de Sevilla, se desarrollan cada año por diferentes parques y zonas de Sevilla capital. Es una forma más de ocupar y sacar el máximo provecho a los espacios urbanos y parques de la zona. Como novedad, podemos destacar un programa de "Nordic Walking" (término anglosajón que significa *marcha o caminata nórdica* mediante una técnica emulando al esquí de fondo con bastones especiales) que se realizan en diversas fechas y zonas de Sevilla. Hace cinco años atrás, no pensaríamos que podríamos desarrollar una actividad física como el Nordic Walking en una ciudad donde no se ha visto nevar nunca. Sin embargo, esta nueva tendencia de ocupar las urbes con actividades en la naturaleza, ha beneficiado una vez más a la gran mayoría de personas que tienen la inquietud o necesidad de realizar una actividad física "alternativa" del medio natural en las ciudades.

- ✓ **Bicicleta de montaña.** Es inevitable hablar del uso masivo de la bicicleta de montaña tanto en espacios urbanos como interurbanos, pudiéndose alquilar en pleno centro o en sus inmediaciones por servicios de alquiler de bicicletas. Gracias a esto y a una red de carriles bicis, una ciudad puede convertirse en un verdadero escenario urbano para la práctica del ciclismo de paseo y de montaña. Además, podemos citar los caminos, rutas de bicicleta todo terreno, corredores verdes, vías pecuarias y verdes, que son ya muy frecuentes en los cordones exteriores de las ciudades y en espacios interurbanos. Por último, debemos destacar las diferentes iniciativas para fomentar la bicicleta dentro de la ciudad, como por ejemplo, diversos programas de marchas en bici en la capital, el día de la bicicleta o de las ruedas, rutas de cicloturismo por el casco histórico, alquiler de bicicletas o tándem, etc. Todas estas actividades se organizan por empresas de turismo activo o asociaciones o de una forma particular con un grupo de amigos.

✓ **Esquí acuático y de río:** como aspecto novedoso y como otra forma alternativa de rentabilizar los diversos espacios en una ciudad, en este caso, se aprovecha una lámina de agua de un parque de Sevilla (Parque del Alamillo) para organizar la iniciación y realización del esquí acuático y wakeboard.

Figura 4.18. Instalaciones para la iniciación de wakeboard en la lámina de agua de un parque. Elaboración propia.

✓ **Turismo ecuestre:** desde el año 2014, dentro del Parque del Tamarguillo, se está desarrollando un proyecto de una escuela de equitación accesible y turismo ecuestre aunque no se ofrecen rutas ecuestres por el parque, se pueden realizar clases de equitación para niños y discapacitados dentro de un recinto acotado dentro del parque. Además, como ya hemos dicho antes, se puede aprovechar los corredores verdes interurbanos de Sevilla para practicar esta actividad.

✓ **Buceo o actividades subacuáticas**: una práctica de desplazamiento en medio hiperbárico con finalidad lúdica o recreativa. Existen varias iniciativas de empresas de ocio al aire libre, bajo convenio con administraciones públicas o privadas para realizar este tipo de actividades en las piscinas municipales de Sevilla. Lógicamente, estamos hablando de cursos de iniciación al buceo para niños, adultos y poblaciones especiales como discapacitados, que posteriormente, si se desea, se puede culminar en las playas cercanas a las ciudades. No obstante, podemos ver ya en un parque de Sevilla (Parque de las Graveras), como los bomberos y militares (UME), hacen las prácticas de salvamento y rastreo. Esto puede dar pie, en un futuro a cursos de iniciación y salvamento para otras ramas profesionales e incluso para el público en general.

✓ **Espeleología**: es un deporte que consiste en la exploración de una cueva (cavidad horizontal) o sima (cavidad vertical). Es imprescindible que todos conozcan las técnicas de rápel, la superación de unos pasamanos o la ascensión por una cuerda y todos los materiales de espeleología. Como ya hemos visto, estas actividades se están empezando a desarrollar en algunos colegios, institutos y universidades de Sevilla. Se trata de desarrollar una unidad didáctica sobre la espeleología adaptada a los recursos espaciales y materiales del centro o campus universitario, aprovechando unos espacios educativos en un gimnasio, en un zoom (sala de usos múltiples) o en las escaleras de emergencias de edificios. Son muchos los ejemplos, como ya hemos comentado antes, de este tipo de prácticas en un centro educativo: Baena, A., & Granero, A. (2009) o Baena, A., Granero, A., Ruiz, F., & García, E. (2009).

Figura 4.19. Descenso con stop en una escalera de emergencia. Elaboración propia.

✓ **Navegación a vela y windsurf:** navegación en embarcaciones a vela propulsadas fundamentalmente por la fuerza del viento. A igual que la práctica del piragüismo, existe una falta de información de este tipo de actividades para el público en general. Existen numerosos clubes deportivos, sobre todo, que ofrecen este tipo de actividades, sacando un mayor partido y rentabilidad a la dársena de agua. Clubes como por ejemplo, el club Mercantil, club Náutico Sevilla, desarrollan estas actividades desde un punto de vista deportivo, aunque ya existen empresas de turismo de ocio al aire libre que desarrollen esta actividad de una forma recreativa como la empresa Kanela Sailing School. Por otra parte y aunque no son actividades de turismo activo, podemos ver como se ocupa la lámina de agua, gracias a las instalaciones náuticas de otras actividades como la pesca en embarcaciones de recreo o barcas hinchables y pádel surf.

✓ **Vuelo con ultraligero:** actividad de progresión aérea que utiliza una aeronave de características determinadas, dotada de motor. Emplean las técnicas y los materiales característicos de esta modalidad. Son varios los clubes y empresas de ocio al aire libre que aprovechan alguna explanada para poder realizar este tipo de actividades. Como por ejemplo la explanada de Tablada (Sevilla).

✓ **Parapente y paracaidismo:** dentro de las actividades de vuelo libre están el parapente y paracaidismo. Al igual que en todas las modalidades de vuelo libre, el mantenerse en el aire el mayor tiempo posible depende de la habilidad del piloto para encontrar y coger las corrientes de aire ascendentes. Sin embargo, se pueden desarrollar actividades de iniciación al parapente y paracaidismo utilizando, en las primeras sesiones, espacios urbanos como polideportivos o campos de fútbol al aire libre. Sin embargo, estas actividad en concreto, necesitamos culminar la iniciación en un espacio natural abierto como son praderas con pequeñas cotas como es el caso del parapente.

Figuras 4.20/21. Iniciación al parapente en polideportivo. Elaboración propia

✓ **Globo aerostático:** pueden ser de gas o de aire caliente, zepelines o dirigibles. Los primeros están a merced del viento y los segundos posen una pequeña hélice para dirigirlos. Al igual que la anterior actividad, la experiencia de un paseo en globo como tal, debemos realizarla en un espacio natural al aire libre con una empresa de turismo activo, sin embargo, podemos ver como existen pruebas de promoción de ascenso y descenso controlado con cuerda desde una plaza, un campo de fútbol, etc.

✓ **Salto desde el puente:** consiste básicamente en sujetar una cuerda (normalmente con dos) en la barandilla de un puente, pasar ésta por debajo de su arco hasta que el otro extremo salga por el otro lado, atarse este extremo con un arnés y saltar, lo que produce una caída pendular a gran velocidad. Aunque esta actividad no es muy frecuente dentro de las ciudades, pueden encontrarse en espacios interurbanos o naturales cercanos a las urbes a través de empresas de turismo activo.

Figura 4.22. Salto desde el puente en andamio. Elaboración propia.

- ✓ **Todo terreno con motor.** Cada vez más son las empresas que ofrecen pequeños tour montados en un vehículo todoterreno cerca de los municipio y en un espacio interurbano. Por ejemplos, están en el mercado paseos en todo terreno por el parque natural de Doñana, reserva natural del castillo de las Guardas, etc.

- ✓ **Quads.** A igual que los vehículos todo terreno a motor, existen paseos y rutas en quads organizadas por empresas, muchas veces que parten del mismo pueblo o ciudad, aunque esta opción está menos controlada y regulada debido a la cantidad de estos vehículos, de carácter privado, que están circulando por espacios interurbanos y urbanos. Además, podemos verlos en caminos, vías pecuarias, etc.

Todas estas actividades y espacios que han nacido muy rápido en Sevilla o en cualquiera otra ciudad, son susceptibles de aprovechar para generar actividades de ocio al aire libre, de una forma más reglada y legal, a través de empresas de turismo activo. De esta forma, se recupera el ejercicio de estas actividades llevadas a cabo por las empresas y no de una forma alternativa por las asociaciones, clubes y empresas clandestinas no registradas como empresas de turismo activo. Lo que decir tiene que, no todos los clubs y asociaciones tienen la intención de crear negocio con estas iniciativas sino que se realizan para su cometido en la gran mayoría de los casos como es la iniciación deportiva y perfeccionamiento.

> *Tenemos que recordar que las empresas de ocio al aire libre o turismo activo ofrecen a sus clientes un evento, unas vacaciones, un incentivo de empresa (team building), un programa de outdoor learning u outdoor training, etc. El sector del ocio al aire libre está relacionado con las actividades deportivas, pero se diferencia del sector del deporte en que implementa o traslada esas actividades deportivas en un contexto no competitivo: no se ofrecen competiciones, clasificaciones, entrenamientos regulares, records, etc., y, aunque implica un nivel de riesgo, está alejado de los deportes extremos. ANETA (2015).*

Además, gracias a las nuevas correcciones del Decreto 20/2002, por la ley 13/2011, de de diciembre, del turismo de Andalucía o el decreto 80/2010, del 3 de marzo, los participantes pueden realizar estas actividades de una forma más segura y regladas, estando obligados a conocer la actividad, los riesgos que implica la actividad y aceptar por escrito su conformidad de la realización de dicha actividad. Además, y siguiendo a Parra, C. 2012:

> *Si a estas nuevas correcciones, le añadimos la necesidad dar a conocer los espacios y conocer qué tipo de actividades de T.A. legisladas se pueden realizar en una ciudad, podríamos aportar una mejor calidad a estas actividades y fomentar estas prácticas sin necesidad de desplazarse al medio natural, además creo necesario:*

- ✓ Facilitar nuevas legislaciones que permitan clarificar todas estas actividades que están en un "vacío legal".

- ✓ Proporcionar la información sobre estas actividades para que se realicen éstas de una forma segura y regulada.

- ✓ Aportar la información necesaria que demanda la juventud en relación a este tipo de actividades.

- ✓ Poner en conocimiento a la comunidad de estas actividades, valorando los riesgos y beneficios por realizar estas actividades.

- ✓ Dar a conocer una nueva forma de disfrutar con la actividad física y el deporte que no sea practicando los deportes tradicionales.

- ✓ Inculcar a todos los ciudadanos una cultura de ocupación del tiempo de ocio de una forma recreativa y sana."

Finalmente, podemos citar el gran abanico de posibilidades de ocupación de espacios alternativos para la práctica de actividades físicas y deportivas en un entorno, no necesariamente natural, sino urbano o periurbano. Todas estas actividades, que ofrecen las empresas de Turismo Activo y Asociaciones en Sevilla, se pueden contratar en cerca de 50 empresas registradas como turismo activo.

Todas estas empresas pueden organizarte actividades de Turismo Activo, programas de multiaventura casi a la carta, pudiéndote llevar por ejemplo escalada en un rocódromo portátil o fijo (escuela de escalada), un parque de aventuras o bosque suspendido hasta el patio de un colegio, a un club deportivo o a tu casa; un bautizo náutico, una ruta de piragüismo, un raid multiaventura en la ciudad, una regata, etc.

Como hemos visto, existen una infinidad de nuevas alternativas de espacios y de comercio dentro de una ciudad, sin la necesidad de desplazarse al medio natural. Tan sólo hace falta tener un proyecto novedoso y adaptado a los perfiles y necesidades de los clientes, pudiendo satisfacer las necesidades de ocio y recreación. Podemos concluir y resumir este apartado con las siguientes reflexiones:

- ✓ Existen nuevas tendencias para desarrollar las actividades de turismo activo sin la necesidad de desplazarse a espacios naturales. En las ciudades se están creando nuevas tendencias y espacios para esta práctica.

- ✓ Sólo tenemos que ver a nuestro alrededor y tener un poco de creatividad para poder crear un nuevo espacio para practicar las actividades de ocio al aire libre.

- ✓ Casi todas las actividades reflejadas como de turismo activo pueden cobrar vida dentro de una ciudad dando un especial protagonismo a los parques, aunque, tenemos que recordar que, deben organizarse por empresas de ocio al aire libre para que sean propias de turismo activo y así estén legalizadas y amparadas por el Decreto 20/2002 de 29 de enero, de Turismo en el Medio Rural y Turismo Activo en Andalucía.

- ✓ *Las empresas de turismo activo no son empresas de servicios deportivos, ya que no organizan ni venden deporte, sino que ofrecen actividades aptas para un público general, no entrenado específicamente, que busca principalmente la diversión, la experimentación o el desarrollo personal mediante actividades que se desarrollan fundamentalmente en el medio natural.* ANETA (2015).

- ✓ Dejemos a las empresas de turismo recuperar su cometido y poder así realizar su trabajo, desarrollando estas actividades de turismo al aire libre en espacios urbanos o interurbanos, con una cobertura legal y con calidad. Así, dejar a las asociaciones y clubs deportivos también desarrollar su principal objetivo de la iniciación y perfeccionamiento deportivo.

- ✓ Es necesario conocer y dar información de estas actividades que están amparadas por la legislación, con el único objetivo de poderse desarrollar en los espacios urbanos de una forma libre, legal y segura.

4.5. REFERENCIAS BIBLIOGRÁFICAS Y WEB GRÁFICAS.

ANETA Asociación Nacional de Empresas de Turismo Activo (2015). Informe sobre el turismo activo en España 2014. Granada, ANETA. Redacción y diseño: Pedro Carrasco Jiménez / ISOAVENTURA.

Baena, A. y Calvo, J. F. (2008). Elaboración y construcción de materiales para el bloque de contenidos de Actividad Física en el Medio Natural: el rocódromo de escalada. Espiral. Cuadernos del Profesorado, 1. Pp.1-8.

Baena Extremera, A. y Granero Gallegos, A. (2009). Deportes de Aventura Indoor: la espeleología en los institutos de Educación Secundaria. Tándem, Didáctica de la Educación Física, 30, Pp.47-60.

Baena, A. y Granero, A. (2011). Contribución de las actividades físicas en el medio natural a la consecución de las competencias básicas. Trances, 3(5), pp.609-632.

Baena-Extremera, A., Ayala-Jiménez, J. D., y Ruiz-Montero, P. J. (2014). Iniciación a las vías ferratas en Educación Física de primaria y secundaria. Espiral. Cuadernos del Profesorado, 7(15), 21-27. Disponible en: http://www.cepcuevasolula.es/espiral.

Baena, A., Granero, A., Ruiz, F., & García, E. (2009). Nuevas perspectivas en el tratamiento educativo de actividades de aventura: la espeleología en Educación Física. En V. Arufe, Á. Lera, R. Fraguela & L. Varela (Eds.), La Educación Física en la sociedad actual (pp. 157-183). Wanceulen. Sevilla.

Beas, M. y Blanes, M. (2010). Posibilidades pedagógicas de la escalada en rocódromo. Espiral. Cuadernos del Profesorado, 3(5), pp.59-72.

Briongos, F. y Pérez O. (2008). Una estructura para escalar en la escuela. Revista digital Wanceulen educación física y deportes, (4), pp. 163-173

Burchartz, B. (1994): Aproximación teórica y práctica a los terrenos de juegos infantiles I. Revista Apunts de Educación Física y Deportiva. Instituto Nacional de Educación Física de Cataluña, Barcelona (INEFC), (37), pp. 68-74.

Casero, O. (2007). Creación de un rocódromo interdisciplinar. Actas del VII Congreso Internacional sobre la Enseñanza de la Educación Física y el Deporte Escolar Pontevedra. Recuperado de: http://www.altorendimiento.com/congresos/instalaciones-y-equipamiento/452-creacion-de-unrocodromo- interdisciplinar.

Callejón, J. A., Pérez, S., & De Haro, I. (1999). La escalada en los centros de enseñanza. Habilidad Motriz (13), Pp. 27-31.

Camps, M. C. y Del Moral, J. (1992). Propuesta de Secuencia de EF. Educación Primaria. MEC. Escuela Madrid.

Carreiro Da Costa, F. (2010). Educar para una vida activa: ¿Cómo superar la situación paradójica por la que pasa la Educación Física en el contexto internacional?. International Congress of Association Internationale des Ecoles Superieures d'Education Physique (AIESEP): A Coruña.

Cepero, M.M. y Ballesteros, F.J. (2003). El amigo rocódromo en la escuela (II): propuesta práctica de una unidad didáctica para el desarrollo de los contenidos de educación física en primaria. Revista digital Educación física y deportes (64). [En línea]. Recuperado de: http://www.efdeportes.com/efd64/rocod.htm

Decreto 20/2002, de 29 de enero, de Turismo en el Medio Rural y Turismo Activo en Andalucía. BOJA Núm. 14 de 2 de febrero de 2002. (pp. 1640). Recuperado de URL: http://juntadeandalucia.es

Decreto 127/2001, de 5 de junio, sobre medidas de seguridad en los parques infantiles.

Decreto 245/2003 de 24 de abril. Xunta de Galicia Título: "Normas de seguridad en los parques infantiles".

DECRETO 80/2010, de 30 de marzo, de simplificación de trámites administrativos y de modificación de diversos Decretos para su adaptación al Decreto-Ley 3/2009, de 22 de diciembre, por el que se modifican diversas Leyes para la transposición en Andalucía de la Directiva relativa a los Servicios en el Mercado Interior. BOJA. Boletín 69 de 12/04/2010

Documento NTJ 01A Parte 2: Accesibilidad en los espacios verdes de uso público de las personas con limitaciones o movilidad reducida. Mobiliario adaptado y espacios de uso común accesible (Normas Técnicas de Jardinería y Paisajismo. 1996. Barcelona: Colegio Oficial de Ingenieros Técnicos Agrícolas y Peritos Agrícolas de Cataluña)

Fernández-Río, J. (2000). La trepa y la escalada: contenidos del bloque de actividades en el medio natural fácilmente aplicables dentro del marco escolar. Apunts: Educación física y deporte, (62).Pp 27-33.

García, H. (2008). Dirección de los recursos naturales para la práctica de actividades físicas y deportivas. Conferencia: Construcciones deportivas relacionadas con el medio natural. Nuevas tendencias. Aguado, A.M. y López Arroyo, J.J. En La formación en la profesión de educación física escolar. (pp.95-101).Palencia. Patronato Municipal de Deportes. Ayuntamiento de Palencia.

García Ferrando, M. (1996) Las prácticas deportivas de la población española 1976-1996. Los retos de las ciencias sociales aplicadas al deporte. Pamplona: AEISAD. Investigación social y deporte nº2.

Generelo, E., Julián, J. A., & Zaragoza, J. (2009). Tres vueltas al patio. La carrera de larga duración en la escuela. Barcelona: Inde.

González, J. (2004). El uso del medio natural en el currículum de educación física en educación primaria: iniciación a la orientación, unidad didáctica de bicicleta y un paseo por la escalada y el rapel. Revista de educación física: Renovar la teoría y la práctica, 96, pp.29-34.

Gómez, V. (2006). Juegos y actividades de reto y aventura en el contexto escolar. En Actividades en el medio natural. Sáez, J.; Sáenz-López, P. & Díaz, M. Pp.22. Universidad de Huelva. Huelva publicaciones. Pp.9-22.

Gómez, V. (1996). Adaptaciones de los espacios escolares para los juegos y actividades de aventura. En I Jornadas de dinamización deportiva en el centro escolar. Córdoba.

Granero A (2007). Las actividades físico-deportivas en la naturaleza y la industria turística. Revista internacional de medicina y ciencias de la actividad física y deporte (7). Pp111-127.

Granero, A. & Baena, A. (2011). Juegos y deportes de aventura en la formación permanente del profesorado. Revista Internacional de Medicina y Ciencias de la Actividad Física y el Deporte vol. 11 (43) pp. 531-547. Http://cdeporte.rediris.es/revista/revista43/artjuegos224.htm

Iglesia, J. (2008). Los cuentos motores como herramienta pedagógica para la Educación Infantil y Primaria. Icono 14: Revista de comunicación y nuevas tecnologías, (10). Pp.1-15.

Lennarz, S. & Pevida, T. (2014). La conección de seguridad y libertad. ¿Una acrobacia en altura? ¡Alto! Revista para operadores y monitores de parques de aventura. (1). Pp.12.

Ley 13/2011, de diciembre, del turismo de Andalucía (BOJA núm.69, 6 de abril del 2010).

Ley 1/1998, de 20 de abril, de los Derechos y la Atención al Menor.

López, M. & Estabé, E. (2002). La zona de juegos: un espacio para la educación física en los centros escolares. Revistas digital Educación física y deportes. Año 8, (53). En http://www.efdeportes.com/efd53/juegos.htm

Masnou, M. (1985): Valores educativos del juego libre del niño en zona urbana. Barcelona (INEFC). Instituto Nacional de Educación Física de Cataluña. Memoria de investigación.

Moreras, J y Leyton., M. Cap.7. (2011) Propuestas pedagógicas para la escalada deportiva. Del suelo a la vertical. En Pérez, R. (coord.) (2011) Actividades físico-deportivas en el medio natural. Propuestas de acción educativa. Alcalá de Guadaira. Sevilla. Editorial MAD.

Nichols, D. y Fines, L. (1995). Self-Concept, Attitude and Satisfaction Benefits of Outdoor Adventure Activities: The Case for Recreational Kayaking. Journal of Leisurability, 22(2), pp.1-8.

Orden conjunta de la Consejería de Turismo y Deporte y Medio Ambiente, del 20 de marzo del 2003, por la que se establecen obligaciones y condiciones medioambientales para la práctica integrantes en las actividades de Turismo Activo.

Orden FOM/3200/2007, de 26 de octubre, por la que se regulan las condiciones para el gobierno de embarcaciones de recreo (para las actividades acuáticas).

Ortíz, R.; Pérez, O.; Calle, A.; Fernández, F. y Muñoz, E. (2002). La escalada: una propuesta de integración con deficientes visuales. Integración: Revista sobre ceguera y deficiencia visual, (38). Pp. 35-43.

Palomero, J. (2015). Parques infantiles accesibles. Colección Democratizando la accesibilidad. Vol.5. La ciudad accesible. [En línea]. En: http://www.laciudadaccesible.es

Parle, M. D. (1986). The role of self-efficacy in Outward Bound: An investigation of a high school course. Unpublished bachelor's honors dissertation, University of New England. Armidale, New South Wales, Australia.

Parra, C. (2009). Nuevos espacios para practicar las actividades en la naturaleza. Comunicación en actas del VIII Congreso Internacional sobre la enseñanza de la Educación física y el deporte escolar. Pp.6-8. Ceuta.

Parra, C. (2012) Las actividades en la naturaleza. Nuevas tendencias para comunicar. En Marín Montín, J. (coord.)(2012) Deporte, comunicación y cultura. Pp.96-119. Zamora (España). Ed. Comunicación Social.

Parra, C. (2014). Nuevos espacios urbanos para actividades de turismo activo en la ciudad de Sevilla. En actas de Congreso Internacional de turismo activo. Cabra(Córdoba). ANETA (Asociación Española de Empresas de Turismo Activo).

Paxton, T. S. (1999). Self-efficacy and outdoor adventure programs: a quantitative and qualitative analyses. Dissertation Abstracts International Section A: Humanities & Social Sciences, 59(7-A), Pp1-206.

Pevida, T. (2012) Parques de aventura, ¿Qué son?, ¡Alto! Revista para operadores y monitores de parques de aventura. (1). Pp.8-10. En web: http://www.estascolgado.com/parques-de-aventura-que-son/

Priest, S. (1996). The effect of two different debriefing approaches on developing self-confidence. Journal of Experiential Education, 19(1), Pp. 40-42.

Real Decreto 1631/2006, de 29 de Diciembre, por el que se establecen las enseñanzas mínimas correspondientes a la ESO. BOE núm. 106. Viernes 5 de enero de 2007, 677-773.

Real Decreto 1513/2006, de 7 de diciembre, por el que se establecen las enseñanzas mínimas de la Educación primaria. Consultado el 28 de abril de 2013 en http://www.boe.es/boe/dias/2006/12/08/pdfs/A43053-43102.pdf

Real Decreto 62/2008, de 25 de enero, por el que se aprueba el Reglamento de las condiciones de seguridad marítima, de la navegación y de la vida humana en la mar aplicables a las concentraciones náuticas de carácter conmemorativo y pruebas náutico-deportivas.

Rovira, R. (2004). La escalada en la escuela: una experiencia práctica. Tándem: Didáctica de la educación física, (16).Pp. 53-65.

Ruiz J.V. (2011). El cuento motor en la educación infantil y en la educación física escolar. Sevilla. Wanceulen.

Ruiz, J.V. (2009) Ljsalfar y los niños del viento. Cuentos motores cooperativos para educación primaria. Barcelona: Inde.

Sánchez, J. A. (2014). Mi centro, mi montaña. Circuito de montaña en el gimnasio para cuarto de ESO y Bachillerato. Tándem. Didáctica de la Educación Física. Nº 45. Pp. 22-25.

Santos Pastor, Mª Luisa. (2002). Las Actividades en el Medio Natural en la Educación Física Escolar.Pp.32-37. Sevilla. Wanceulen.

Palomero, J. (2015). Parques infantiles accesibles. Colección Democratizando la accesibilidad. Vol.5. La ciudad accesible. [En línea]. En: http://www.laciudadaccesible.es

Referencias web gráficas:

http://www.estascolgado.com/parques-de-aventura-que-son/

http://www.ases21.es/parques-de-aventura/

http://cdeporte.rediris.es/ revista/revista43/artjuegos224.htm

http://www.boe.es/boe/dias/2006/12/08/pdfs/A43053-43102.pdf

http://www.cepcuevasolula.es/espiral.

http://juntadeandalucia.es

http://imd.sevilla.org/agenda/iniciacion-al-nordic-walking

http://ray-educacionfisicadivertida.blogspot.com.es/2011/06/iniciacion-la-espeleologia-en-la.html

http://www.estascolgado.com/parques-de-aventura-que-son/

http://www.ases21.es/parques-de-aventura/

http://www.definicionabc.com/medio-ambiente/parque.pnh.

http://www.antena3.com/programas/elhormiguero/momentos/juegaterapiahormigueroconstruyenjardinninoscancerhospitalpazmadrid

http://www.elcorreo.com/salud/vidasana/20130627/jardininfantilhospitalmadrid201306271323rc.html

http://www.cepcuevasolula.es/espiral.

http://www.altorendimiento.com/congresos/instalaciones-y-equipamiento/452-creacion-de-unrocodromo- interdisciplinar.

http://www.efdeportes.com/efd64/rocod.htm

http://juntadeandalucia.es

http://www.efdeportes.com/efd53/juegos.htm

http://www.laciudadaccesible.es

http://www.estascolgado.com/parques-de-aventura-que-son/

http://www.laciudadaccesible.es

http://www.boe.es/boe/dias/2006/12/08/pdfs/A43053-43102.pdf

http://www.noticiasaljarafe.es/index.php/sport/itemlist/user/24-redaccion

Normativas:

- Norma UNE-EN 1176-1:1999 sobre Equipamiento de las áreas de juego. Parte 1: requisitos generales de seguridad y métodos de ensayo (BOE nº 112, de 11/5/1999).

- Norma UNE-EN 1176-2:1999 sobre Equipamiento de las áreas de juego. Parte 2: requisitos de seguridad específicos adicionales y métodos de ensayo para columpios (BOE nº 142, del 15/6/1999).

- Norma UNE-EN 1176-3:1999 sobre Equipamiento de las áreas de juego. Parte 3: requisitos de seguridad específicos adicionales y métodos de ensayo para toboganes (BOE nº 142, de 15/6/1999).

- Norma UNE-EN 1176-4: 1999 sobre Equipamiento de las áreas de juego. Parte 4: requisitos de seguridad y métodos de ensaño complementarios específicos para tirolinas (BOE nº 142, del 15/06/1999).

- Norma UNE-EN 1176-5: 1999 sobre Equipamiento de las áreas de juego. Parte 5: requisitos de seguridad y métodos de ensaño complementarios específicos para carruseles (BOE nº 197, del 18/08/1999).

- Norma UNE-EN 1176-6: 1999 sobre Equipamiento de las áreas de juego. Parte 6: requisitos de seguridad y métodos de ensaño complementarios específicos para balancines (BOE nº 142, del 15/06/1999).

- Norma UNE-EN 1176-7: 1999 sobre Equipamiento de las áreas de juego. Parte 7: guía para la instalación, mantenimiento, e utilización (BOE nº 167, del 14/07/1998).

- Norma UNE-EN 1176-10. Título: "Equipamiento de las áreas de juego Parte 10: Requisitos de seguridad específicos y adicionales y métodos de ensayo para equipos de juego en recintos totalmente cerrados.

- Norma UNE-EN 1176-11. Título: "Equipamiento de las áreas de juego Parte 11: Requisitos de seguridad y métodos de ensayo suplementarios específicos para redes tridimensionales".
Norma UNE-EN 1177. Título: Revestimientos de las superficies de las áreas de juego absorbentes de impactos. Requisitos de seguridad y métodos de ensayo".

CAPITULO 5. DIFERENTES ESPACIOS PARA REALIZAR ACTIVIDADES FÍSICAS EN EL MEDIO NATURAL.

Casos concretos de las actividades de ciclismo, senderismo y Nordic Walking y rutas a caballo.

Como se ha visto en los capítulos anteriores, las últimas tendencias de sacar el máximo rendimiento a los espacios dentro de las urbes para realizar otras actividades alternativas propias de las acciones en el medio natural.

En este capítulo veremos cómo evoluciona la utilización de los espacios desde los recintos cerrados y abiertos dentro de las urbes, hasta las zonas periurbanas para finalizar en los espacios naturales cercanos y lejanos. En concreto, veremos cómo se pueden utilizar los diferentes espacios con algunas actividades de turismo al aire libre como pueden ser la bicicleta, el senderismo y Nordic Walking. Estas actividades se han elegido por ser las más practicadas y las más accesibles para todos los espacios que veremos, no teniendo muchos "impedimentos" para poder practicar estas actividades en estos espacios.

5.1. ESPACIOS PARA LA PRÁCTICA DE LA BICICLETA.

El uso de la bicicleta de montaña está siendo uno de los contenidos que más importancia está adquiriendo dentro del curriculum de Educación Física respondiendo así a la demanda social de las personas, que según un estudio sobre "Hábitos y actitudes de la población andaluza ante el deporte 2012". Observatorio del Deporte Andaluz (2012, pp.20):

- El ciclismo es el deporte más practicado por provincias.
- Evolución del equipamiento deportivo (de la bicicleta) en los hogares andaluces ha evolucionado muchísimo desde el 2002 de pasar de 51,8 % a 71,81% (2012).
- Es el más practicado entre los andaluces entre 26-45 años.
- Siendo los hombres los que practican más que las mujeres.
- *Las actividades más practicadas por los alumnos es el senderismo y el ciclismo* (Luque, P. 2011).

- *Se puede decir también que 8 de cada 10 andaluces tienen bicicletas en su hogar. Esto confirma otro estudio que dice que hay al menos una bicicleta en la cuarta parte de los hogares españoles, en algunos hogares incluso más de una.* Dirección General de Tráfico.DGT. 2006.

Esto hace pensar que obviamente, se coge más la bicicleta para desplazarse por la ciudad, utilizando unos espacios urbanos, periurbanos o naturales, gracias a esta demanda y como medida sostenible, muchos de los municipios han optados por llevar a cabo una serie de medidas para potenciar el uso de la bicicleta en estos espacios: habilitación de carriles bici, corredores verdes, vías verdes, acceso a los transportes públicos como los trenes y metro, etc. Gracias a estas medidas, se ha fomentado el uso de la bicicleta en diferentes espacios aunque todavía no tenemos claro cuáles son nuestros derechos y obligaciones como usuarios de las bicicletas, además de tener claro por dónde podemos ir con la bicicleta.

Para poder aclarar estas incógnitas, desarrollamos a continuación una información muy útil para cuando salgamos en grupo en bicicleta en diversos espacios.

Antes de nada, distribuimos los espacios, según sean un entorno cerrado y cubierto (espacio interno cerrado), un espacio externo abierto y un espacio natural.

5.1.1. Espacios internos cerrados.

Los espacios internos cerrados (indoor) son todos los sitios que están cubiertos, pertenecen a una administración pública, privada o empresa y además están cerrados al tráfico donde se puede hacer un uso de la bicicleta desde un punto de vista educativo, recreativo o empresarial.

1.1. <u>Los espacios internos cerrados desde un punto de vista educativo.</u>
Los espacios internos cerrados desde un punto de vista educativo pueden ser los espacios cerrados al tráfico e internos porque pertenecen a una propiedad privada o pública. Pueden ser, los centros educativos bien por llevar a cabo una actividad complementaria mediante el desarrollo de sesiones, unidades didácticas dentro de una programación, o bien mediante escuelas deportivas como actividades extraescolares.

Las propuestas de la utilización de la bicicleta en los centros educativos no son nuevos, llevan ya algunos años realizándose sesiones, unidades didácticas y proyectos educativos relacionados con este contenido y su fomento entre los alumnos, aunque hay que destacar que no son muy habituales en los centros, tal vez sea debido a que en *la enseñanza primaria del sistema educativo español la bicicleta no se imparte como materia específica dentro del currículum como ocurre en otros países europeos como Dinamarca y Alemania, donde los alumnos aprenden a circular entre el tráfico en las mismas calles de la ciudad* (Águeda, 2001). Por otra parte, es cierto que no es un contenido incluidos en los diseños curriculares de Primaria y Secundaria, pero pueden desarrollar de una manera indirecta justificándolo con el desarrollo de las competencias y nuevos contenidos de otras asignaturas. Sin embargo, según Peñarrubia et. al., (2014. Pp.70). *La bicicleta todoterreno es uno de los contenidos del bloque de actividades en el medio natural no incluidos en el decreto curricular de base que más frecuentemente se lleva a cabo en las programaciones de Educación física*. Por eso, en otras enseñanzas como la universitaria (Actividades en el medio natural o deporte y recreación) y la formación profesional de grado medio (Técnicos de conducción de actividades en el medio natural, a partir de ahora TECO) se están incluyendo como contenidos específicos para la enseñanza. Este tipo de iniciativas están cambiando, por demanda social, la forma de pensar de los futuros profesionales de la enseñanza y recreación, dando importancia a la inclusión de la bicicleta como contenido en la enseñanza para mejorar el estado de salud y crear una cultura ambiental y sostenible (transporte ecológico).

Además, podemos ver cómo ha ido evolucionando el número de propuestas innovadoras educativas a lo largo de estos años, llegando hasta incluso publicar artículos y libros sobre la utilización de la bicicleta en los centros educativos (Fernández-Ríos, J .2000; Jiménez, M.D.& Martínez, P. 2002; García Pérez, F.J. 2008; Hernández Colorado, A. 2008; VVAA. 2011; Luque, P. (2011)(2014); Cuellar, M.D. ; Morales, I. (2011); Peñarrubia, C. (2010) (2014), así como su utilización como medio de transporte hacia los centros de enseñanza (Fóndon, J.L 2004; Latorre, Á. 2001) luchando, en algunos casos, frente a pensamientos desinteresados o falta de presupuesto (Morales, I. & Morales, F.J. 2011).

Figura 5.1. Bicicletas para la práctica del triatlón en los centros educativos. Fuente: Elaboración propia.

Por último, tenemos que dejar claro que este tipo de actividades que fomentan el uso de la bicicleta se desarrollan mayoritariamente en los patios del recreo y gimnasio, estando considerados dentro de los espacios internos cerrados.

1.2. <u>Los espacios internos cerrados desde un punto de vista deportivo, recreativo y/o empresarial</u> son zonas habilitadas para la práctica física y/o deportiva de la bicicleta como por ejemplo, los polideportivos u otras instalaciones cerradas que tienen zonas deportivas habilitadas para la práctica de la bicicletas: tanto mtb, bmx, haciendo modificaciones tan atractivas como la de una antigua iglesia con rampas de madera. También, podemos situar dentro de estos espacios, la práctica deportiva de las bicicletas desde un punto de vista deportivo los velódromos, para la práctica de las bicicletas de carretera.

Figura 5.2. Construcción de pista de saltos Bmx en pistas exteriores de Fibes de Sevilla. Fuente: Elaboración propia.

Tenemos que citar también, los centros BTT: es un centro de rutas diseñadas para la práctica del ciclismo de montaña o BTT. Este espacio se encuentra amparado por institución que lo promueve y lo gestiona, ofreciendo una información muy útil para realizar unas rutas de bicicletas no marcadas en el terreno in situ, pero bien explicadas y representadas en mapas. Estos centros además ofrecen una serie de servicios complementarios para que el ciclista tanto profesional o amateur se sientan como en su casa (rutas, restauración y hostelería, servicios, turismo, deporte y actividades complementarias). Además, estos centros deben contar con un punto de información para ofrecer dicha información a través de soportes físicos y electrónicos, para realizar estas rutas y disfrutar de este deporte. Las rutas que ofrecen los centros BTT, podemos adquirirlas en formato impreso o digitales (rutómetros y/o tracks para GPS), y así poder realizarlas ya que carecen de señalización física mediante postes, flechas o carteles que indiquen el camino a seguir. En línea: http://www.centrobttalcornocales.com

Por otra parte, podemos ver, desde un punto de vista más comercial, como en tiendas de material deportivo como Decathlon, se habilitan unas pistas para probar las bicicletas, facilitando en muchos casos la decisión de los compradores a la hora de hacerse con las bicicletas. Otro ejemplo, desde el punto de vista empresarial, lo podemos encontrar en las Ferias Internacionales dedicadas a la bicicleta en donde exhiben los diseños, prototipos y productos dedicados íntegramente a la bicicleta, mediante la distribución se stands y exhibiciones tanto en el recinto cerrado como en el exterior. Podemos nombrar Unibike (Feria Internacional de la bicicleta en Madrid) y la FestiBike (Organizada en Sevilla en el 2013).

Figuras 5.3 Expositores de la Festibike (Madrid) En línea: http://www.ifema.es/unibibe_1

5.1.2. Espacios externos abiertos.

Cuando decidimos salir de los espacios cerrados, nos encontramos con un espacio abierto acompañado de una serie de restricciones como las normas de circulación si vamos por la urbe o interurbanas (si nos desplazamos a otra ciudad o pueblo). Estos espacios permiten su uso público dejando de ser un lugar de encuentro y convivencia, para pasar a ser un paisaje de tráfico, en el que surge la bicicleta como una alternativa sostenible, silenciosa y rápida, al motor de combustión contaminante y ruidosa, creando un paisaje urbano más saludable. A medida que nos vamos alejando de las urbes, nos encontramos con otra serie de restricciones o normas de uso o circulación, en función del espacio donde nos encontremos, sobre todo si es un espacio natural protegido.

Antes de nada, se define los espacios externos abiertos como todas las zonas al descubierto, en el que hay circulación o tráfico y por lo tanto, se deben respetar las normas de circulación, de civismo, respeto del medio ambiente (tanto de fauna como de flora) y/o las normas de acceso por estos espacios. Podemos ver estos espacios también desde tres puntos de vistas: educativo, recreativo/ comercial y deportivo. Sin embargo, nos centraremos en el punto de vista recreativo ya que es *el más utilizado por los practicantes del ciclismo* (Morales, I. & Morales, F.J. 2011).

Dentro de este paisaje urbano y espacios externos abiertos podemos encontrar: los carriles de conexión y carriles bicis urbanos o interurbanos. El primero son carriles que se utilizan en ausencia de carriles bicis en zonas urbanas, por ejemplo, las calles, caminos y las aceras; siendo zonas de fácil acceso y rápidas por donde se puede circular, siempre y cuando se respeten las normas de circulación y a los demás peatones.

Los segundos, se define como carriles bici a las vías específicamente acondicionada para el tráfico de ciclos con la señalización horizontal y vertical correspondiente y cuyo ancho permite el paso seguro de estos vehículos. Pueden ser de dos clases: Acera-bici (vía ciclista señalizada sobre la acera) y carril bici (vía ciclista que discurre adosada a la calzada), en un solo sentido o en doble sentido. En estas vías, tendrá preferencia la bicicleta. Según la ordenanza de circulación de peatones y ciclistas en la ciudad de Sevilla. Véase en http://www.sevilla.org/ayuntamiento/competencias-areas/area-de-hacienda-y-administracion-publica/agencia-tributaria-de-sevilla/g-multas-de-trafico/normativa.

Estos carriles bici se han instaurado ya en numerosas ciudades y son carriles habilitados para la circulación de bicicletas o vehículos con ruedas dentro de las ciudades. Podemos ver, como existen este tipo de carriles en todas las ciudades de España y de Europa, siendo en las este caso los carriles bici de Sevilla los más extensos de Europa por detrás de ciudades europeas como Amsterdam. Aunque podemos decir también que no es necesario tanta extensión de carriles bici, ya que

> *"Los desplazamientos en bicicleta por ciudad son adecuados para distancias iguales o inferiores a unos 8 km, si bien depende de las características topográficas de calles. En estos casos, la bicicleta puede sustituir perfectamente al coche o la moto, con la gran ventaja añadida de que no contribuye a crear retenciones y no las sufre." (Arranz, B. 2013).*

No podemos olvidar los carriles bicis interurbanos que sirven de conexión de un pueblo a otro (Brenes a Alcalá del Río, de Tomares a Alcalá, y que en muchos de los casos, también se utilizan estos carriles para realizar una práctica de actividad física como andar, correr y patinar, en muchos sitios también son denominados "rutas del colesterol".

Todo esto ha hecho que los carriles bicis se conviertan en el principal aliado de la sostenibilidad, el respeto a las personas (civismo) y fomento de la bicicleta. Tres contenidos que originan un potencial educativo, asumiendo una serie de competencias educativas y temas nuevos en el punto de vista educativo, según algunos apartados de la LOMCE. Es por esto, que en las urbes más importantes, se han creado una serie de iniciativas de innovación educativa como ir al *"colegio en bici"* o en *"Las bicicletas son para todo el año"* en Fóndon, J.L (2004), o iniciativas políticas y sostenibles como el plan director para el fomento del transporte en bicicleta. Sevilla 2007-2010.

Además, mediante estos planes, se han incrementado y fomentado el turismo a través del uso de la bicicleta con servicios complementarios como los puntos de alquiler de bicicletas, paquetes turísticos en cualquier punto de la ciudad, como en estaciones de autobuses, metro y trenes.

> *Estos planes hacen más sostenible una ciudad, que teniendo una buena red de carriles bici, por la que los usuarios puedan moverse de manera segura y rápida, hace de este medio de transporte urbano sea el ideal en términos de rapidez y eficacia, por encima del vehículo privado a motor y también del transporte público colectivo de superficie (Arranz, B. 2013).*

Por otra parte, si nos movemos hacia fuera de las ciudades, desde un punto de vista recreativo o deportivo en compañía de amigos, podemos elegir otro tipo de espacios externos abiertos cercanos a las urbes como: los corredores verdes, vías verdes, carriles, vías pecuarias, caminos públicos, los cauces de los ríos, caminos por rutas de senderismo homologados, vías alternativas y paralelas, etc.

Figura 5.4. Corredor verde del área metropolitana de Sevilla. Fuente: Elaboración propia.

a) Si elegimos los <u>corredores verdes</u>, tenemos que saber que son espacios habilitados para la práctica del senderismo, bicicleta o rutas a caballo, habilitados con zonas de descanso y recuperación paisajística, vías bidireccionales, con una superficie o firme uniforme y agradable a la rodadura. Como ejemplo, debemos mencionar un corredor verde las cercanías de la ciudad de Sevilla que tiene una extensión de 71 kms, siendo el más grande de Andalucía y que une el área metropolitana de hasta diez municipios de Sevilla. Este corredor verde del área metropolitana de Sevilla se divide en dos fases

- Una primera fase, que comprende un tramo de dificultad baja de 40 kms, entre parque periurbano de La Corchuela (Los Palacios) hasta la universidad Pablo de Olavide (Sevilla), pudiendo enlazar con una vía pecuaria en Alcalá de Guadaira con una etapa de 17 kms más, o hasta Carmona o Morón (fuera ya de los corredores verdes).

- La segunda fase de este corredor verde está más encaminado a la recuperación de vías pecuarias y la ribera del Guadalquivir, revitalizando una zona con alto potencial ecológico, paisajístico, social y vertebrador del territorio. Con la fase dos quedan enlazados el parque del alamillo en Sevilla, las ruinas Itálicas en Santiponce, pudiendo enlazar con la vía verde de Italica; y la cornisa del Aljarafe (Simón Verde) con la ribera del Guadalquivir. En total unos 35 kms de belleza paisajística y del área metropolitana de Sevilla.

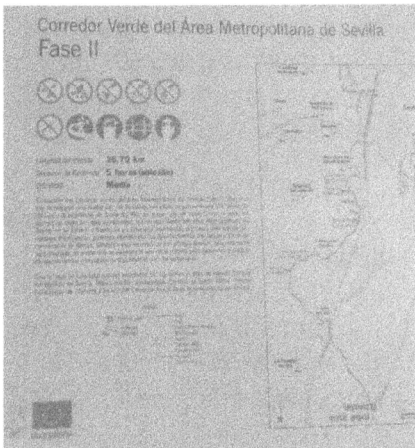

Figura 5.5. Mapa de la segunda fase desde Santiponce hasta Coria del río (Sevilla). Fuente: Elaboración propia.

Por otra parte, contamos son el corredor verde del Guadiamar: que cuenta con 58 kms naciendo cerca del municipio del Castillo de las Guardas (Sevilla), transcurre por el bosque de Aznalcázar y abraza el Guadalquivir por la cornisa del aljarafe y los pinares de Doñana.

Si elegimos las vías verdes, tenemos que saber que:

- Son una de las formas alternativa de descubrir España, o una comunidad como Andalucía con una longitud total de 540 kms, o sea, un 33% de la red estatal, por lo que se trata de la comunidad autónoma con mayor longitud y número de vías verdes de toda España (2000 kms aprox.y 102 vías verdes).

- *El 4 de marzo de 2010, se aprobó una Proposición no de Ley relativa a las Vías Verdes, que considera necesario reforzar jurídica y administrativamente las actuaciones del Programa Vías Verdes. Sin embargo, hasta hoy sólo en La Rioja existe el primer ejemplo de normativa específica sobre rutas verdes en España, una ley que regula la Red de Itinerarios Verdes de La Rioja, y que se desarrollará con más detalle en el epígrafe 5.2.2. La Rioja. Ley de Itinerarios Verdes".* MINISTERIO DE AGRICULTURA, ALIMENTACIÓN Y MEDIO AMBIENTE (2011).

- Se tratan de unas rutas turísticas creadas siguiendo antiguas líneas ferroviarias antiguas y en desuso que dejaron de prestar servicio en los años 60. Recuperando y poniendo en valor las antiguas infraestructuras de ferrocarriles regionales.

- Son itinerarios reutilizados no motorizados, aptos para andar, correr, silla de ruedas (accesibles), patinar, realizar rutas ecuestres, y para montar en bicicleta, aunque se puedan confundir con carriles bici, vías pecuarias y senderos.

- Desde 1993, gracias a la iniciativa del antiguo Ministerio de Medio Ambiente en colaboración con ADIF, RENFE Operadora y FEVE y algunas comunidades autónomas, Diputaciones Provinciales y Ayuntamientos, se viene desarrollando en nuestro país un amplio programa de recuperación de los más de 7.000 kilómetros de líneas de ferrocarril en desuso inventariadas para su reconversión progresiva en Vías Verdes.

- Estas infraestructuras intentan promover la cultura del ocio y del deporte al aire libre no motorizado al tiempo que servir de soporte para el desarrollo turístico y recreativo de algunas zonas rurales deprimidas y la recuperación de elementos culturales patrimoniales singulares (puentes y viaductos, túneles ferroviarios, estaciones, parajes naturales de gran valor ecológico, etc.)

- En Andalucía cuenta con 12 vías verdes y concretamente en Sevilla podemos disfrutar de 4 vías verdes: Itálica (30 kms a Gerena y 37 kms a Aznalcóllar), Sierra Norte (18 kms), los Alcores (25 kms) y la Campiña (36 kms) que colinda con Córdoba. Además, podemos disfrutar de una vía verde de Cádiz (36 kms), por su cercanía como es la sierra entre los pueblos de Puerto Serrano y Olvera.

Figura 5.6. Tablón informativo de la Vía verde de Itálica. Fuente: Elaboración propia.

- Las vías verdes, por lo general, *están claramente señalizadas con postes que marcan la distancia en kilómetros y necesitan unas consideraciones básicas para ser homologadas* (Aycart y Hernández Colorado, 2007), siendo otra característica que la diferencia de otros carriles o vías pecuarias: accesibilidad universal, señalización, delimitación de cada infraestructura y equipamiento, creación de servicios y equipamiento, acondicionamiento del firma y prohibición de los vehículos a motor.

- *Las vías verdes se pueden considerarse las instalaciones deportivas al aire libre del futuro* (Rebollo, y Luque, P. 2012).

- Las vías verdes se acompañan de servicios complementarios (como puntos de alquiler de bicicletas y de información), diferenciándose por ejemplo de los corredores verdes. Algunas estaciones de ferrocarril han sido convertidas en restaurantes, museos de arqueología industrial, centros de interpretación y recreación de visitantes, alojamientos, etc.

- Cada vía verde tiene su propia historia y a menudo ésta es fascinante, reflejando los más amplios cambios políticos, económicos y sociales que se han sucedido a través del tiempo.

- Estos viales presentan unas características físicas, comerciales y de usuario-visitantes comunes. Según Luque, P. 2011.

    Las bondades físicas que favorecen su uso en los centros educativos son entre otras:

    ✓ Distribución geográfica por toda España.

    ✓ Perfil llano (3% de desnivel), amplios radios de curva, suficiente anchura (unos 4 metros de ancho), proximidad entre los núcleos ferroviarios.

    ✓ Continuidad del trazado, lo que facilita su recorrido.

    ✓ Seguridad activa y pasiva: iluminación, señalética, balaustradas, ausencia de tráfico motorizado, pocos pasos a nivel con carreteras.

    ✓ Elementos ferroviarios: viaductos, puentes, locomotoras, estaciones, etc.

    ✓ Comunica zona urbana y rural.

    ✓ Paisajes de gran valor cultural y natural, actúan de corredores verdes.

b) <u>Carriles, vías pecuarias, caminos públicos, cauces de los ríos y otros espacios como las sendas o caminos por rutas de senderismo homologados.</u>

- Por su parte, los carriles para el turismo en bicicleta con alforjas (de ahora en adelante cicloturismo) son ciertamente escasos en el sur aunque muy abundantes por el norte gracias al Camino de Santiago. Concretamente en Andalucía son sólo 13 carriles de cicloturismo y se sitúan casi todos en los parques naturales de Los Alcornocales (Cádiz-Málaga), Sierra de Aracena y Picos de Aroche (Huelva) y Doñana. No podemos pasar por alto en este apartado las rutas específicas de cicloturismo y mtb que oferta las diputaciones de Sevilla, Granada y Cádiz, además de las rutas que oferta la Consejería de Turismo de Andalucía como es Transandalus y las Transnevada.

    ✓ La Transandalus es una ruta en bicicleta de montaña de 2200 Kms alrededor de Andalucía, realizada por biker andaluces que da una vuelta completa a esta comunidad a lo largo de sus ocho provincias. El clima óptimo de Andalucía para la práctica turística del ciclismo con alforjas invita a recorrer los caminos y vías pecuarias, y descubrir parajes, paisajes y gentes, en muchas ocasiones alejados de los circuitos turísticos tradicionales. El 35% del trazado de la Transandalus pasa por zonas con protección ambiental. Podemos decir que, al igual que en Andalucía, existen este tipo de rutas, en los pirineos llamada Transpirenaica. En http://www.transandalus.org/index.php?option=com_frontpage&Itemid=1&lang=es

- <u>Vías pecuarias</u>: estos caminos tienen su origen en el traslado de los ganados o los pastos invernales en noviembre y a los estivales en mayo. Estás vías ha pasado de una función ganadera primigenia a elementos para la diversificación del paisaje, fomento de la diversidad y al disfrute de actividades de tiempo libre compatible con el respeto a la conservación del medio natural. Las vías pecuarias se clasifican, atendiendo a sus dimensiones: *cañadas* (anchura máxima de 75 metros), *cordeles* (anchura máxima de 37.5 metros) y *veredas* (anchura máxima de 20 metros).

Figura 5.7. Transporte de ganado en una vereda. Elaboración propia.

Se regulan por la ley 3/1995, de 23 de marzo, de vías pecuarias y a nivel de transferencia autonómica, el Decreto 155/1998, de 21 de julio. Ambas regulan los usos permitidos en las vías pecuarias. La ley 3/1995, dedica el artículo 1.3. a sus usos compatibles y complementarios:

> "Las Vías Pecuarias podrán ser destinadas a otros usos compatibles y complementarios en términos acordes con su naturaleza y sus fines, dando prioridad al tránsito ganadero y otros usos rurales, e inspirándose en el desarrollo sostenible y el respeto al medio ambiente, al paisaje y al patrimonio natural y cultural".

El Decreto 155/1998, dedica el Título II a regular los usos permitidos en las vías pecuarias:

> Usos complementarios: se consideran usos complementarios de las vías pecuarias los relacionados al esparcimiento ciudadano y las actividades de tiempo libre: el paseo, el senderismo, la cabalgada y otras formas de desplazamientos deportivos sobre vehículos no motorizados, siempre que se respete la prioridad del tránsito ganadero.

Por lo tanto, podemos circular por vías pecuarias, siempre y cuando cedamos el paso a la actividad trashumante (traslado de ganado) aunque necesitemos una autorización si pasamos por un Parque Natural, una propiedad privada o cuando realicemos una actividad colectiva y organizada (deberá solicitar una autorización a la delegación territorial de la provincia en el que se desee realizar la actividad). En línea: http://www.juntadeandalucia.es/medioambiente/site/portalweb/menuitem.

Además, lo fundamental de este decreto es que establece de forma inequívoca que las Vías Pecuarias son "BIENES DE USO PÚBLICO" y que con la aprobación de los "USOS ALTERNATIVOS": senderistas, ciclistas y caballistas podemos disfrutar y pasear por estas vías libremente. Véase en página web: http://caminoslibres.es/carrilesyviaspecuarias.

Posteriormente se aprobó el Plan de Ordenación y Recuperación de la Red de Vías Pecuarias de Andalucía, con el que se pretende poner en uso 25.000 kilómetros de estas vías de los 125.000 kms en el ámbito nacional.

Figura 5.8. Hito de vía pecuaria. Fuente: Elaboración propia.

- Los <u>caminos públicos</u> pertenecen al ámbito del Municipio y por tanto son los Ayuntamientos los que, con la ley actual, asumen su conservación, mantenimiento y vigilancia. Por ejemplo, en la Comunidad de Andalucía, los ayuntamientos se rigen por la Ley 7/1985, Reguladora de Bases del Régimen Local y su posterior texto refundido por Real Decreto 781/1986. También por el Reglamento de Bienes de Entidades Locales.

  Todos los textos de esta legislación dejan muy claro que los caminos públicos "SON BIENES DE USO PUBLICO LOCAL", por lo tanto, pueden ser transitados con plena libertad andando, corriendo, montando a caballo o cualquier vehículo motorizado o no motorizado. Además, según los artículos 70 y 71, del citado Reglamento, debemos denunciar ante el ayuntamiento competente cuando veamos caminos que han sido cerrados por cancelas o vallados, debemos denunciarlo ante el ayuntamiento, quien una vez confirmada la titularidad pública, procederá a su recuperación de oficio.

- <u>Los cauces de los ríos.</u> La Ley de Aguas, Real Decreto 1/2001, tiene por objeto la regulación del dominio público hidráulico y del uso del agua. En esta ley sobre las Riberas, podemos leer que es uno de esos espacios por donde el uso público entra en directa conexión con el derecho a caminar por los márgenes, atendiendo a las limitaciones legales. Además, en el artículo 6 de esta ley, entiende por ribera:

  Las fajas laterales de los cauces públicos, situadas por encima del nivel de las aguas bajas, y por márgenes los terrenos que lindan con los cauces, los cuales, está sometida en toda su extensión longitudinal a una zona de servidumdre de 5 metros de anchura, para USO PÚBLICO, en la que se condicionará el uso del suelo y las actividades que se desarrollen.

  Por lo tanto, podemos utilizar estas riberas para un uso público, recreativo o deportivo, como se cita en el artículo 48. *Las servidumbres de saca de agua y abrevadero, así como las de paso, cuando se trate de garantizar el acceso o facilitar el mismo a zona de dominio público de los cauces, incluyendo para usos deportivos o recreativos.*

- En las <u>sendas o caminos por rutas de senderismo</u> dentro de la red de senderos de Andalucía se considerará la utilización y circulación de las bicicletas como uso complementario, según el artículo 12.

  Se consideran usos complementarios de los recorridos de senderismo el montañismo, el excursionismo, la actividad ecuestre y otras formas de desplazamiento deportivo sobre vehículos no motorizados y siempre que se respete la prioridad de tránsito de los que marchan andando, no se degrade el entorno natural o salvo prohibición específica del sendero.

  Puede verse también en otras comunidades como País Vasco (Ley 16/1994, de 30 de junio, de Conservación de la Naturaleza del País Vasco). Sin embargo, en la mayoría de los casos y Comunidades Autónomas, los senderos señalizados y homologados están destinados casi exclusivamente a la práctica del senderismo y no suele preverse por parte de la

Administración Ambiental un uso polivalente para otras modalidades deportivas como la bicicleta de montaña o las rutas a caballo, siendo exclusivas para la práctica del senderismo.

- Vías alternativas o paralelas. Tenemos que mencionar las vías de servicios y carriles colindantes a las autovías, vías de trenes de cercanías o larga distancia, etc.

- No podemos olvidar los otros espacios abiertos en las urbes o cerca de ellas (interurbanos) para la práctica recreativa en los parques y jardines de una ciudad, como por ejemplo Sevilla, aunque debamos acatar una serie de normas de circulación y respetar al peatón en todo momento cediendo el paso y circulando a una velocidad máxima de 10 kms/h, según la ordenanza municipal de circulación en parques y jardines de Sevilla.

    Desde un punto de vista deportivo, podemos encontrar los espacios para el desarrollo de pruebas deportivas de bicicletas como las propias de los circuitos de mountain bike, maratones de mtb, organización de triatlón y duatlón cross, raids de aventuras, pruebas de saltos con bicicletas mtb o bmx como, por ejemplo, el minipark de sierra nevada. En verano Sierra Nevada se transforma en un alucinante Bike Park, para los biker más intrépidos, con más de 30 Km. de recorridos señalizados, pasando de los 3.000 metros de altitud a los 2.100 metros, siete circuitos de descensos y enduro, incluido el MiniBike Park -de iniciación- en Borreguiles. En https://www.andalucia.org/es/rutas/tipos/rutas-en-bicicleta/

Figura 5.9. Pistas exteriores festibike(Madrid)

- No podemos olvidar las playas como un medio para realizar actividad física en el medio Natural pero aunque con limitaciones normativas, sobre todo, en temporada de verano en las costas con certificado de calidad y protegidas por socorristas.

- Por último, podemos destacar también, la utilización de los espacios desde un punto de vista deportivo y educativo, que realizan las escuelas de bicicleta, como las de montaña (mtb) que utilizan el terreno cercano como espacio para entrenar como por ejemplo, el club de mountain bike de Alcalá de Guadaira (Guadaira Bike).

5.2. ESPACIOS NATURALES. UTILIZACIÓN DE LA BICICLETA EN LOS ESPACIOS PROTEGIDOS NATURALES.

Cuando nos decidimos a desplazarnos en coche mayoritariamente, en la mayoría de los casos, para buscar un paisaje natural, respetar el medio ambiente (su flora y fauna), disfrutar con una actividad en el medio natural desde un punto de vista recreativo, deportivo y/o educativo, estamos hablando de los espacios naturales, que en la mayoría de los casos, están protegidos por una red de Espacios Naturales Protegidos de Andalucía (RENPA).

Andalucía por ejemplo, tiene 2,67 millones de hectáreas terrestres de espacios naturales (según RENPA), una riqueza de terreno y espacios naturales, causa suficiente que motiva a todos para realizar actividades y deportes en la naturaleza. Pero, sin embargo, el cicloturismo o las rutas en bicicletas como actividades propias de turismo activo, debe regularse para evitar impactos medio ambientales.

Esto hace necesario restringir en algunas zonas su práctica mediante una legislación vigente. Por lo tanto, para conocer en qué lugares y espacios podemos disfrutar de la naturaleza con nuestra bicicleta sin ser una actividad prohibida, restringida o crear impacto medioambiental, debemos ir a las diferentes normativas, para saber si podemos circular con total libertad o por el contrario, está prohibido o restringido y necesitamos gestionar y rellenar una autorización para poder desarrollar dicha actividad.

1. Como primer paso, tendremos que tener referencia de la ley 4/1989 de 27 de marzo, de Conservación de los espacios naturales y de la flora y fauna silvestre, que es que legisla en España las figuras nacionales de protección de la naturaleza, estableciendo entre otros, los siguientes tipos de espacios:

a. Parque: Nacional y Natural.

b. Reserva Natural.

Modificada por las autonomías por la Ley 41/1997 de 5 de noviembre, de Conservación de los espacios naturales y de la flora y fauna silvestre.

2. En segundo lugar, debemos conocer los espacios que existen y sus definiciones para poder entender sus funciones como espacio protegido, comprender el por qué de su prohibición o restricción de ese espacio y saber que administración pública la gestiona, para poder acceder de una forma alternativa al espacio sin crear ningún tipo de impacto, por ejemplo, a través de unas autorizaciones con aforo limitado.

Según el artículo 13.1. de la citada ley de Conservación de Espacios naturales define los Parques como "áreas naturales poco transformadas por la actividad humana que en razón de la belleza de sus paisajes, la representatividad de sus ecosistemas o la singularidad de su flora o de sus formaciones geomorfológicas, poseen unos valores ecológicos, estéticos, educativos y científicos cuya conservación merece una atención preferente".

El concepto de PARQUE NACIONAL es un concepto relativamente reciente que se utiliza para designar a aquellos espacios naturales especialmente protegidos por los estados nacionales a fin de conservar la flora y la fauna que en ellos existe y así evitar su desaparición, extinción o alteración. La protección que se le ofrece al espacio Natural conocido como parque nacional es de nivel legal y esto es así para evitar todo tipo de infracción o uso indebido del mismo por parte de individuos o de corporaciones. Los parques nacionales impiden actividades consideradas dañinas tales como la caza de animales salvajes, la tala de árboles, la pesca o la realización de fogatas, sin embargo no impiden que el ciudadano disfrute de la naturaleza.

PARQUE NACIONAL: espacio de interés general, cultural, educativo y recreativo aunque con restricciones. Lo declara y gestiona la Administración del Estado.

EL PARQUE NATURAL: espacio natural que dispone de características biológicas y paisajísticas únicas y especiales, que demandan un cuidado exclusivo de su flora y fauna autóctona, que lo proteja de los posibles atentados que pueda sufrir por parte del hombre y su actividad no siempre tan cuidadosa de la naturaleza, y de este modo poder así garantizar su subsistencia a través del tiempo. Lo declara y gestiona la Comunidad Autónoma y puede ser explotado al 100 % desde un punto de vista educativo y deportivo, salvo restricciones.

RESERVA NATURAL: área dentro de un territorio que se encuentra protegida porque ostenta una inconmensurable importancia para el mantenimiento y desarrollo de la flora, fauna y vida silvestre del lugar. Una Reserva Natural, también designada como Reserva Ecológica, es aquella área dentro de un territorio, que se encuentra protegida porque ostenta una inconmensurable importancia para el mantenimiento y desarrollo de la flora, fauna y vida silvestre del lugar en el cual está emplazada, por lo que su principal finalidad es la protección de ecosistemas, comunidades o elementos biológicos que merecen una valoración especial. Este espacio lo declara y lo gestiona la Comunidad Autónoma. 100% educativa y recreativa y turística.

3. Una vez conocido estos espacios naturales, podremos contestar una serie de inquietudes como:

- *¿Puedo practicar actividades de turismo activo, uso público y ecoturismo en parques naturales?* Si, dependiendo de la actividad se requerirá la obtención de una autorización o realizar una comunicación previa. En caso de que la actividad en cuestión afecte a terrenos de propiedad privada, se necesitará contar con la autorización expresa de los titulares de los mismos. Las actividades de turismo activo han de realizarse de manera que no conlleven repercusiones negativas sobre el medio natural, no alteren el normal funcionamiento de los equipamientos e infraestructuras u obstaculicen la realización de estas actividades por otros usuarios, en las condiciones que se establezcan en la autorización expresa de los titulares de los mismos.

- ¿Puedo circular en bicicleta por espacios naturales protegidos? En general, la circulación en bicicletas en los espacios naturales protegidos está prohibida: campo a través, en las zonas excluidas en la aplicación de la normativa de protección de especies y hábitat y en senderos de uso públicos peatonales ofertados por la consejería de medio ambiente y ordenación del territorio y señalización al efecto.

    Con carácter general, el acceso y transito de los visitantes será libre por la red pública de caminos, exceptuando los que presenten señalización que indiquen una restricción o limitación de paso.

La consejería de medio ambiente y ordenación del territorio, podrá limitar o restringir a los visitantes o a ciertos medios de transporte, de forma eventual o permanente el acceso por cualquier camino cuando exista causa justificada por incompatibilidad del uso con la conservación, trabajos forestales o motivos de riesgo de personas.

Si desea realizar cicloturismo por caminos, pistas forestales u otros espacios donde exista limitación de acceso o de uso dentro de un parque natural, se ha de obtener previamente autorización para la realización de actividades de uso público, turismo activo y ecoturismo en parques Naturales.

5.3. CONCLUSIONES.

- El uso de la bicicleta en los diferentes espacios tanto urbanos, interurbanos y natural, son tendencias de moda en la actualidad viéndose reflejado por la pertenencia de estas bicicletas en los hogares y su uso más frecuente en las urbes como medio de trasporte sostenible, como estilo de vida saludable, como medio educativo favoreciendo el desarrollo integral del alumno y como medio de ocupación del ocio y tiempo libre.

- Desde un punto de vista educativo, hemos visto como la utilización de la bicicleta como recurso material didáctico en los centro educativos ha evolucionado aunque todavía no sea un contenido educativo dentro del diseño curricular, se van llevando a cabo, cada vez más, iniciativas que fomentan el uso de este contenido tanto en los centros de enseñanza como medida sostenible y respeto del medio ambiente.

- Los espacios tanto urbanos, interurbanos como naturales son susceptibles de su disfrute aunque en la mayoría de las veces debamos respetar una serie de normas de circulación, civismo y respeto del medio ambiente.

- Tenemos cerca de 2,3 millones de hectáreas para disfrutar de espacios naturales en Andalucía; andando, montando en bicicletas, a caballo o realizando una actividad física y deportiva en el medio natural.

A modo de resumen, establecemos dos tablas en dónde se pueden conocer los diferentes espacios en sus respectivos ámbitos de aplicación y su acceso en bicicletas libremente, con autorización, o por el contrario, limitada o prohibida de estos espacios:

TIPO DE ESPACIO	ÁMBITOS DE APLICACIÓN	ACCESO EN BICICLETA
ESPACIO INTERNO CERRADO	EN CENTROS EDUCATIVOS/ HACIA LOS CENTROS DE ENSEÑANZA	PATIO DEL RECREO Y GIMNASIO ESCUELAS DEPORTIVAS
	EMPRESARIAL/RECREATIVO EN COMERCIOS DEPORTIVO	PISTAS INTERNAS DE PRUEBA PISTAS DE MTB, BMX, ETC. VELODROMO
ESPACIO EXTERNO ABIERTO	RECREATIVOS EDUCATIVO, RECREATIVO, CULTURAL EDUCATIVO, RECREATIVO, CULTURAL RECREATIVOS Y DEPORTIVO DEPORTIVO Y RECREATIVO DEPORTIVO Y RECREATIVO EDUCATIVO, RECREATIVO, CULTURAL	CARRILES DE CONEXIÓN CARRILES BICIS CORREDORES VERDES VIAS VERDES VIAS PECUARIAS, CARRILES Y OTROS. TRANSANDALUS MINIPARK PISTAS Y CIRCUITOS VIAS ALTERNATIVAS RUTAS DE SENDERISMO
ESPACIOS NATURALES *PARQUE NATURAL PARQUE NACIONAL RESERVA NATURAL*	EDUCATIVO, RECREATIVO, CULTURAL	PERMITIDOS POR CARRILES PERO EN ALGUNOS CASOS CON AUTORIZACIÓN.

Tabla 17. Espacios, ámbitos de aplicación y accesos en bicicletas.

TIPO DE ESPACIO	CIRCULACIÓN PERMITIDA	OBSERVACIONES
ESPACIO INTERNO CERRADO	PATIO DEL RECREO Y GIMNASIO ESCUELAS DEPORTIVAS	Se rige por normas internas, programación didáctica de Educación Física o actividades extraescolares.
	PISTAS INTERNAS DE PRUEBA, FESTIBIKE PISTAS DE MTB, BMX, ETC. VELODROMO	Se rige por normas internas.
ESPACIO EXTERNO ABIERTO	CARRILES DE CONEXIÓN CARRILES BICIS	Se rige por normas de circulación vial. Código de circulación.
	CORREDORES VERDES VIAS VERDES	Se pueden circular sin problemas.
	VIAS PECUARIAS, CAMINOS PÚBLICOS, CAUCES DE LOS RÍOS Y OTROS.TRANSANDALUS	Se pueden circular si no pasamos por propiedad privada o limites de espacios protegidos.
	RUTAS DE SENDERISMO DE LA RED DE SENDEROS HOMOLOGADOS DE ANDALUCIA.	Sólo en los senderos que permitan la circulación de bicicletas. En otras comunidades, se puede circular como usuario complementario.
	VIAS ALTERNATIVAS	Se rige por normas de circulación vial.
	PISTAS Y CIRCUITOS	Según normas internas y/o deportivas.
ESPACIOS NATURALES *PARQUE NATURAL PARQUE NACIONAL RESERVA NATURAL*	PERMITIDOS POR CARRILES PERO EN ALGUNOS CASOS CON AUTORIZACIÓN.	En la mayoría de los casos se necesita una autorización del dueño de la propiedad privada o del organismo competente.

Tabla 18. Accesos y circulación permitida en los diferentes espacios.

5.4. ESPACIOS PARA LA PRÁCTICA DEL SENDERISMO, NORDIC WALKING Y RUTAS A CABALLO.

Como hemos visto anteriormente, casi todos los espacios en donde podemos circular con la bicicleta, podemos hacerlo practicando el senderismo, Nordic Walking y rutas a caballo. Sin embargo, existen carriles o sendas específicas en las que sólo podremos hacer senderismo como pueden ser en las redes de senderismo homologados que en la mayoría de los casos y Comunidades Autónomas, los senderos señalizados y homologados están destinados casi exclusivamente a la práctica del senderismo y no suele preverse por parte de la Administración Ambiental un uso polivalente para otras modalidades deportivas como la bicicleta de montaña o las rutas a caballo, siendo exclusivas para la práctica del senderismo.

Además, en todos los espacios de las urbes, podemos andar siempre y cuando respetemos las normas de circulación vial, como por ejemplo, no invadiendo los carriles bicis. Lo mismo puede pasar con las rutas a caballo en la ciudad, comportándose como un vehículo más circulando por la calzada. En el caso concreto de Andalucía, las rutas a caballo pueden gozar de una "cierta libertad" dentro del recinto ferial, siguiendo una serie de ordenanzas específicas de cada municipio, como pasa en muchas ferias como por ejemplo la de Jerez. En estos casos, se establece un sentido de circulación dentro del recinto ferial, respetando en todo momento a los peatones.

Por otra parte, podemos añadir, que existen algunas excepciones para poder realizar una ruta ecuestre en un parque, por ejemplo, a través de paseos de carruajes y enganches de caballos. Otra excepción la hemos podido ver en el capítulo 4, que desde el año 2014, dentro un parque, aunque no esté reflejado la prohibición de rutas a caballo, podemos ver como se realizan actividades de turismo ecuestres. En este parque en concreto, no se ofrecen rutas ecuestres por el parque, pero se pueden realizar clases de equitación para niños y discapacitados dentro de un recinto acotado dentro del parque. Además, dentro en este mismo parque, hay algunas excepciones más ya que la circulación de caballos está permitida en eventos concretos como en una romería.

Para poder concluir y resumir sobre los usos de estas actividades en los determinados espacios, exponemos la siguiente tabla aclaratoria:

TIPO DE ESPACIO	ESPACIO ESPECIFICO	¿ESTÁ PERMITIDA ESTA ACTIVIDAD?		
		BICICLETA	SENDERISMO NORDIC WALKING	RUTAS A CABALLO
ESPACIO INTERNO CERRADO	CENTRO EDUCATIVO	SI	SI	SI
	ESCUELAS DEPORTIVAS	SI	SI	SI
	PISTAS INTERNAS DE PRUEBA	SI	SI	SI
ESPACIO EXTERNO ABIERTO	URBANOS CARRILES DE CONEXIÓN CARRILES BICIS PARQUES Y JARDINES	SI	SI	NO
	INTERURBANOS CARRILES DE CONEXIÓN CARRILES BICI	SI	SI	NO
	CORREDORES VERDES	SI	SI	SI
	VIAS VERDES	SI	SI	SI
	VIAS PECUARIAS	SI	SI	SI
	CAMINOS PÚBLICOS	SI	SI	SI
	CAUCES DE LOS RÍOS	SI	SI	SI
	VIAS ALTERNATIVAS	SI	SI	SI
	CARRILES ESPECIFICOS: SENDAS HOMOLOGADAS PLAYAS CARRILES DE CICLISMO	NO* SI SI	SI NO* NO*	NO* NO* NO*
	PARQUES Y JARDINES	SI	SI	NO*
	PISTAS Y CIRCUITOS PARA EVENTOS DEPORTIVOS	SI	SI	NO

* Pueden autorizarse según ruta.

Tabla 19. Actividades permitidas de ciclismo, senderismo y rutas a caballo en diferentes espacios.

TIPO DE ESPACIO	ESPACIO ESPECIFICO	¿ESTÁ PERMITIDA ESTA ACTIVIDAD?		
		BICICLETA	SENDERISMO NORDIC WALKING	RUTAS A CABALLO
ESPACIOS NATURALES	*PARQUE NATURAL*	SI	SI	SI
	PARQUE NACIONAL	SI	SI	SI
	RESERVA NATURAL	SI	SI	SI
	* PERMITIDOS POR CARRILES AUTORIZADOS PERO EN ALGUNOS CASOS CON AUTORIZACIÓN.			

Tabla 20. Actividades permitidas de ciclismo, senderismo y rutas a caballo en espacios naturales.

BIBLIOGRAFÍA

Arranz, B. (2013). Trabajo fin de grado. La bicicleta como recurso educativo en los centros escolares. Universidad de Valladolid. Pp. 1-140.

Aycart, C. y Hernández Colorado, A. (2007). Caminos naturales: las vías verdes y su adecuación al desarrollo rural sostenible. Madrid. Dirección de vías verdes. Fundación de los Ferrocarriles Españoles.

Cuellar, M.D.; Jiménez, M.D.& Martínez, P. (2002). Por el camino del tren. Una propuesta didáctica de ciencias sociales para la educación secundaria. Almería. Instituto de Estudios Almerienses.

DGT (2006). Estadística del uso de la bicicleta en España, [en línea]. El de la bici. Disponible en: http://eldelabici.blogspot.com/2008/09/estadstica-sobre-uso-de-las-bicicletas.html [17 de diciembre, 2009]

Farías E.I.& Sallent, O. (2009). El impacto medioambiental de las actividades físico-deportivas en el medio natural. El caso de la práctica de la "mountain bike" o bicicleta todo terreno. Retos. Nuevas tendencias en educación física (16), pp. 31-35.

Fernández-Ríos, J (2000) Utilización de la bicicleta dentro del bloque de contenidos de actividades en el medio natural. Revista digital educación física y deportes Año 5 (21) [en línea] en http://www.efdeportes.com/ Revista Digital - Buenos Aires -

Fóndon, J.L (2004). Las bicicletas son para todo el año. Proyecto integrado. Revista de Experiencias. Redes de apoyo social e innovación educativa. Junta de Extremadura.http: revistacaparra.juntaextremadura.net/articulolas_bicicletas_son_para_todo_el/ pp.1-9.

García Pérez, F.J. (2008). Ciclismo, currículo y competencias básicas. Estrategias y elementos didácticos. Comunicación en actas del V Congreso Nacional de Deporte en edad Escolar. Dos hermanas. Pp. 225-254.

Guillen, R.; Lapetra, S.; Dieste, G. & Trallero, J. (2011). La bicicleta en la escuela. Una propuesta innovadora sobre actividades del medio natural. Actas del X Congreso de deporte y escuela. Cuenca (Toledo).pp.71-78.

Hernández Colorado, A (2008). Las vías verdes, un recurso didáctico. Tándem. Didáctica de la educación física y deportes (77). Pp.73-78.

Latorre, Águeda (2001). La utilización de la bicicleta en el alumnado de la Facultad de Ciencias de la Universidad de Sevilla. Trabajo de investigación (sin publicar)

Latorre, Águeda (2002). La Bicicleta en las Distintas Instituciones ante una Visión Educativa. Tesis doctoral inédita. Universidad de Sevilla. Sevilla.

Ley 4/1989 de 27 de marzo, de Conservación de los espacios naturales y de la flora y fauna silvestre

Ley 41/1997 de 5 de noviembre, de Conservación de los espacios naturales y de la flora y fauna silvestre

Ley 16/1994, de 30 de junio, de Conservación de la Naturaleza del País Vasco.

Luque, P. (2014). Las vías verdes una oportunidad para los contenidos de actividades físicas en el medio natural. Tándem. Didáctica de la educación física y deportes. (45). Pp.39-44.

Luque, P. 2011. En Educación Física, se vive la vía?. En actas en el IX Congreso internacional sobre la enseñanza de la Educación Física y el Deporte. En línea: http: //altorendimiento.com/en_educacion_fisica_se_vive_la_via.htm.

Mallada, O. (2012) El cicloturismo en el currículo de Educación Secundaria de Cantabria. Revista digital: Educación Física y Deportes, Revista Digital. Buenos Aires, Año 16,(164), http://www.efdeportes.com/efd164/el-cicloturismo-en-el-curriculo-de-educacion-secundaria.htm

MINISTERIO DE AGRICULTURA, ALIMENTACIÓN Y MEDIO AMBIENTE (2011). Caminos rurales. Observatorio de caminos naturales e itinerarios no motorizados. Análisis de la normativa y legislación aplicable en España a nivel comunitario, nacional y autonómico.

Morales, I. & Morales, F.J. (2011). La utilización de la Bicicleta entre el alumnado Universitario. Revista digital Wanceulen (8). En http://www.wanceulen.com/revista/index.html

Observatorio del Deporte Andaluz (2012, pp.20). "Hábitos y actitudes de la población andaluza ante el deporte 2012". Empresa pública para la Gestión del turismo y del Deporte en Andalucía.SA.

Ordenanza de circulación de peatones y ciclistas en la ciudad de Sevilla. Véase en http://www.sevilla.org/ayuntamiento/competencias-areas/area-de-hacienda-y-administracion-publica/agencia-tributaria-de-sevilla/g-multas-de-trafico/normativa.

Peñarrubia, C.; Dieste, G.; Trallero, J.; Lapetra, S. & Guillen, R. (2014). El trabajo de las competencias educativas a través de la bicicleta todoterreno. Revista Tándem Nº 44. Pp. 68-74.

Peñarrubia, C. (2010). La bicicleta en la escuela. Una propuesta innovadora sobre actividades en el medio natural. En Actas X congreso de deporte y escuela. Cuenca.

Plan director para el fomento del transporte en bicicleta. Sevilla 2007-2010. Programa sectoriales para el fomento del uso de la bicicleta. Ayuntamiento de Sevilla. Urbanismo. Pp. 75-98.

Rebollo, y Luque, P. 2012. Las vías verdes son las instalaciones deportivas al aire libre del futuro: espacios para realizar deporte en plena naturaleza. Revista digital Emasf. De educación física y deporte. (19).

Rivera Mateos, M. (2010). Turismo activo en la naturaleza y espacios de ocio en Andalucía. Tesis doctoral en Recurso electrónico: Aspectos territoriales, políticas públicas y estrategias de planificación /Universidad de Sevilla . Consejería de Turismo, Comercio y Deporte.

Referencias digitales en página web:

http://www.andalucia.org/es/espacios-naturales/paisajes-protegidos/corredor-verde-del-guadiamar/#main-inf

http://www.diariodesevilla.es/article/provincia/1122767/la/junta/abre/corredor/verde/une/diez/municipios/metropolitanos.html#

http://www.definicionabc.com/medio-ambiente/parque-nacional.php

http://www.andalucia.org/es/espacios-naturales/paisajes-protegidos/corredor-verde-del-guadiamar/#main-info

http://www.diariodesevilla.es/article/provincia/1122767/la/junta/abre/corredor/verde/une/diez/municipios/metropolitanos.html#

https://www.andalucia.org/es/rutas/tipos/rutas-en-bicicleta/

http://www.juntadeandalucia.es/medioambiente/site/portalweb/menuitem.

http: //www.centrobttalcornocales.com

http://www.juntadeandalucia.es/turismocomercioydeporte/publicaciones/37957.pdf

http://www.sevilla.org/ayuntamiento/competencias-areas/area-de-hacienda-y-administracion-publica/agencia-tributaria-de-sevilla/g-multas-de-trafico/normativa.

CAPITULO 6. CIBERESPACIO PARA LA ENSEÑANZA DE LAS AFMN.

La incorporación de las nuevas tecnologías en la educación viene siendo una constante en las sucesivas reformas legislativas, en la LOE la aparición de las competencias y posteriormente la LOMCE, han ido aumentando la importancia de las tecnologías de la información y la comunicación (de ahora en adelante TIC) en las acciones docentes de forma transversal. Con la universalización de los dispositivos móviles, las conexiones Wi-Fi y tarifas de datos más veloces se ha dado lugar a un nuevo escenario donde el docente de Educación Física debe formarse para ser capaz de incorporar con éxito los dispositivos móviles y recursos TIC's para enriquecer su acción docente y las posibilidades de nuestro área. Es por esto que, *las TIC facilitan nuevas visiones de la profesión docente, la aparición de nuevos escenarios y de nuevas metodologías* (Benito y Ovelar, 2005).

En este capítulo, hablaremos de cómo utilizar y aprovechar el espacio desde un punto de vista tecnológico, utilizando las herramientas digitales y las TIC, podemos crear entornos de comunicación nuevos denominados ciberespacios que nos posibilitan transmitir y compartir, de inmediato, abundante información.

> *"Las TICs son un elemento clave en nuestro sistema educativo, ya que facilitan otra forma de acceder, generar y trasmitir información y conocimientos. Implica el uso de estrategias y metodologías docentes nuevas para lograr una enseñanza activa, participativa, constructiva y colaborativa" (Moya Martínez, 2009).*

En lo que nos respecta a los docentes de educación física y según Trujillo (2008), considera a *la Educación Física como un área eminentemente procedimental y que permite a las TICs un amplio uso, que va a ser utilizado para apoyar y ampliar los diferentes conocimientos y aprendizajes.* Además, se han convertido en un elemento clave en nuestro sistema educativo, ya que facilitan otra forma de acceder, generar y trasmitir información y conocimientos, siendo un complemento de apoyo para el docente. *Implica el uso de estrategias y metodologías docentes nuevas para lograr una enseñanza activa, participativa, constructiva y colaborativa* (Moya Martínez, 2009). Más concretamente dentro de las actividades físicas en el medio natural se pueden utilizar unos medios tecnológicos que son el presente y se han colado en cada uno de los espacios de nuestra ciudad.

Hablaremos, en primer lugar del uso de los dispositivos móviles de tercera generación (smarphones) para un uso educativo, ya que según González, A. (2014), *"El uso de los smarthphones es uno de los fenómenos sociales más relevantes."*

Aunque haya un sector educativo que no esté a favor del uso de este tipo de tecnologías por las diferentes desventajas que tiene, por ejemplo, su mal uso por la falta formación de los profesores, nosotros nos ponemos en el otro bando ofreciendo propuestas de nuevas tecnologías que usan el teléfono móvil o tablets, dando a conocer diferentes alternativas tecnológicas que permiten un uso educativo de los códigos QR, la realidad aumentada, así como las aplicaciones didácticas que pueden desarrollarse para aprovechar, publicitar y motivar su práctica en las actividades físicas en el medio natural o actividades de ocio y recreación al aire libre.

Las nuevas tecnologías han llegado para quedarse y modificar las formas tradicionales de enseñanza y aprendizaje, adaptándose así a los nuevos tiempos mediante una forma distinta de aprender y de investigar. El docente de educación física no puede quedarse atrás, y debe incorporar estas TICs en su práctica profesional y en su explotación didáctica en las aulas no sólo por una iniciativa propia imposición de los nuevos diseños curriculares. Por ejemplo, la Ley Orgánica, 8/2013 para la mejora de la calidad educativa (LOMCE 2013. BOE nº 279), hace alusión a la *competencia digital como la necesidad de disponer de habilidades para buscar, obtener, procesar y comunicar información, y para transformarla en conocimiento,* incluyendo la utilización de las TICs como un elemento esencial para informarse y comunicarse. Otro ejemplo lo podemos ver en esta cita de la LOMCE:

> 5. *"Se promoverá el uso, por parte de las Administraciones educativas y los equipos directivos de los centros, de las Tecnologías de la Información y la Comunicación en el aula, como medio didáctico apropiado y valioso para llevar a cabo las tareas de enseñanza y aprendizaje".*

Además, el uso de las herramientas tecnológicas en el aula aporta un conjunto de ventajas para el docente; flexibilidad, inmediatez, adaptabilidad, interactividad y la combinación de los múltiples formatos de contenidos que suponen una mejora en los diferentes aspectos del proceso de enseñanza-aprendizaje. Es un reto para los docentes al suponer una innovación pedagógica que puede mejorar los procesos de adherencia a la actividad física (Área, 2002; Capllonch, 2007; Castro Lemus, 2007; Monroy, Antón, 2010), propiciando un aprendizaje autónomo que combina la presencialidad del aula con actividades semipresenciales en internet (Prat, Q., Camerino, O., & Coiduras, J. 2013.)

En lo que nos respecta, en la enseñanza de la Educación Física,

> *"Todos sabemos que el motor de nuestra área es la actividad motriz, aunque se puede conseguir que las TICs se conviertan en un aliado para aumentar el tiempo que dedicamos a este área, como puente a la interdisciplinariedad, o como una posibilidad para convertir al alumnado en protagonista de su propio aprendizaje" (Capllonch, 2005. Pp. 77-79).*

Más concretamente en el bloque de contenidos de actividades en el físicas en el medio natural, se debe buscar cómo desarrollar las competencias clave, en este caso, la competencia digital para que llegue al alumn@ de una manera significativa. *Se trata de trabajar en un nuevo concepto muy reciente* según Prat; Camerino & Coiduras, J. L (2013. Pp. 39), *referido al aprendizaje con la tecnología, mucho más innovador denominado tecnologías del aprendizaje y el conocimiento (de ahora en adelante TAC).*

Nosotros podemos desarrollar las TACs, mediante el trabajo con las redes sociales, aplicaciones móviles, Websquest, apoyados en páginas webs (Godzicki et al.2013) y blogs activos y actualizados periódicamente (So, 2011), cuya misión es incentivar la participación del alumnado en actividades físicas y deportivas, como por ejemplo los trabajos de Fernández, R.; Herrera-Vidal, J.I. & Navarro, R. (2015), Carracedo, J.E. & Martínez, C.L. (2012), García González , N. y Sánchez Moreno, S. (2014), Sánchez, A. (2013), Prat, Q., Camerino, O. (2012), Monroy, A.J. (2010), Castro Lemus, N. (2007), Jiménez, J. & Rebollo, J.A.(2015), Gómez-López, M., Baena-Extremera, A., y Abraldes, J. A. (2014).

Por tanto, se utilizaran las webs desde tres puntos de vista (Prat, Q., Camerino, O., & Coiduras, J. 2013. Pp.41):

> - **Web 1.0 o World Wide Web** *(red informativa mundial): espacio virtual instalado en internet donde el usuario busca y descarga información a través de un sistema basado en hipertextos.*
>
> - **La Web 2.0 o social web** *(web social): conecta con las redes sociales para que los usuarios tomen un papel activo mediante comunicación, sincrónica o asincrónica, inmediata con otros usuarios y posibilitando así el intercambio de conocimientos. Sus herramientas, blogs, wikis, webquests, etc…*

pueden ser introducidos con finalidades pedagógicas en el aula.

- ***La Web 3.0 o semantic web*** *(web semántica): mecanismos de la Wold Wide Web cuyo objetivo es mejorar la agilización en la búsqueda de información entre los sistemas informáticos sin la necesidad de operadores humanos.*

A estos nuevos usos podíamos añadir también, las aplicaciones que actualmente están disponibles para trabajar con dispositivos móviles, teniendo en cuenta que los dos principales sistemas operativos son IOS (Mac) y Android:

APLICACIÓN / SERVICIO	SISTEMAS OPERATIVO IOS (MAC)	SISTEMAS OPERATIVO ANDROID
Lectores de códigos QR y creación de recursos en Realidad Aumentada (RA).	Bidi, Layar	Bidi, Layar
Actividades de orientación.	Brújula, Mapas, Google maps.	Brújula, Google maps.
Sistemas de posicionamiento.	Wikiloc, earth, geocahhing	Wikiloc, earth, geocahhing
Sistemas de posicionamiento deportivas	Endomondo, estrava, runtastic, sports trackers	Endomondo, estrava, runtastic, sports trackers
Visualización de videos	Youtube, Vimeo, VCL PlayTube	Youtube, Vimeo, VCL
Visualización de imágenes	Istagram, skitch, vine	Istagram, skitch, vine
Creación y edición de videos	iMovie	WeVideo
Gestión de blogs educativos	Wordpress, Blogger.	Wordpress, Blogger.
Grabación y de edición de sonido/voz	Garageband, Notas de voz	Notas de voz
Gestión de documentos y archivos online	Drive, Dropbox.	Drive, Dropbox,
Redes sociales para actualización permanente	Twitter, Pinterest, Linkedin.	Twitter, Pinterest, Linkedin.
Redes sociales educativas	Edmodo, eduClipper, Red Alumnos.	Edmodo, eduClipper, Red Alumnos.
Reproducción de sonido	Música	Reproductor de música
Otros programas de sistemas de posicionamiento para GPS	Oziexplorer, CompeGpsLand, Panavue Image Assembler, EasyGps, MapSource, GoogleEarth	

Tabla 21 modificada. Aplicaciones desde la perspectiva del alumno para la enseñanza de las AFMN. García González, N. y Sánchez Moreno, S. (2014).

Tenemos que tener presente que la utilización de estas webs y aplicaciones, puede ser una ventaja para el docente, pero a la vez, pueden perjudicar el proceso de enseñanza si no se adaptan a cada necesidad precisa del contexto educativo o simplemente no tenemos claro cómo se pueden usar para mejorar la acción docente. Por lo tanto, para evitar esta situación, tenemos que planificar muy bien nuestras sesiones reflexionando sobre mi nivel actual de desempeño en las TIC´s, además de los recursos concretos (apps o webs) que quiero movilizar.

A continuación, y como podemos ver en Gómez-Gonzalvo, F.; Atienza, R. & Mir, M. (2015), *podemos fomentar el uso del teléfono móvil en el contexto educativo de una forma didáctica, lúdica y motivante para los alumnos, apartándolos de las "maneras tradicionales" en las que sólo había una mera transmisión de información* para pasar a otra forma alternativa de utilizar los códigos como es la educación jugada, en inglés *game based learning* (Román, 2012; Román y Méndez, 2014; Román y Martín, 2014). Esta alternativa utiliza una trama de juego para que el alumnado interactúe con los códigos puestos en espacios externos y reales fuera del centro educativo (Godzicki *et al.*, 2013; Holzinger et al., 2011 y So, 2011). Estas propuestas didácticas basadas en el juego y contextualizadas en entornos físicos fuera del centro educativo se muestran capaces de integrar el aprendizaje en entornos reales y en interacción con el patrimonio cultural y arquitectónico de las ciudades o entornos semi-urbanos (jardines o parques).

Para ello, proponemos el uso de nuevas tecnologías para fomentar la educación jugada a través de las siguientes herramientas: los códigos QR, la realidad aumentada y los juegos con GPS o el uso del GPS de un teléfono móvil.

6.1. LOS CÓDIGOS QR COMO EJEMPLOS DE ATRACTIVOS EDUCATIVOS, TURÍSTICOS Y MARKETING.

> *Se puede señalar que las TICs son un claro ejemplo y fiel reflejo de los cambios producidos en la sociedad actual, trasmitiendo al ámbito educativo nuevas modificaciones y una reorganización del trabajo enfocado al profesorado (Corrales, 2009).*

Nuestros centros educativos deben reflejar esa realidad social, donde los dispositivos móviles son protagonistas de los entornos laborales y personales de un tanto por ciento muy elevado de la población. Además, las aplicaciones para teléfonos inteligentes, como el WhatsApp, es una aplicación que todos los adolecentes y los que no lo son tanto, tienen una forma de comunicación vía chat muy útil y en la que se basan hoy en día gran cantidad de relaciones personales. Por otra parte, el uso de los teléfonos móviles para acceder a internet son los más frecuentes a la hora de elegir un destino turístico para realizar las actividades en el medio natural y compartir sus experiencias en las redes sociales ya que *"El 26% de los turistas que acceden a Internet compartieron durante 2013 sus experiencias a través de la Red, mediante la publicación en redes sociales, blogs, fotos o videos y plataformas"*. Consejería de Turismo y Comercio (2013).

Por tanto, existe un predominio o hegemonía de las experiencias mediadas a través de estas TIC en la configuración del saber, los valores e ideas de una persona; se ha generado la necesidad y, por consiguiente, la dependencia de estas tecnologías y medios para nuestra vida social, económica y educativa (Navarro-Patón, R. 2008).

Luego, se debe pretender que el alumnado adquiera las estrategias necesarias para iniciarse en la necesidad que existe hoy día de trasformar la información en conocimiento. Para ello, se debe dotar de estrategias de razonamiento que permita al alumnado organizar, relacionar, sintetizar la información para su asimilación y posterior comunicación. Es decir, tenemos que proporcionar al alumnado herramientas, estrategias y recursos para desarrollar los contenidos de las unidades didácticas.

Como herramientas de estos ejemplos de la sociedad, podemos ver como los códigos QR, se han ido incorporando poco a poco en todos los espacios de nuestras ciudades y pueblos, siendo un complemento de ayuda que agiliza algunos trámites, proporciona información, es un modo de publicitar, etc. (Parra, C.2014.).

Según la investigación de Gómez-Gonzalvo, F.; Atienza, R. & Mir, M. (2015).

El uso de los códigos QR en las clases, favorece la familiarización tanto del profesorado como del alumnado con las TIC y el desarrollo de habilidades instrumentales necesarias para el manejo de diferentes tecnologías (Huang, Wu y Chen, 2012 y So, 2011). Además, manifiestan un aumento en la motivación de los alumnos al integrar esta herramienta en los contextos educativos, permitiendo un mayor acercamiento de los alumnos a los contenidos y una mayor participación en las clases (Holzinger et al., 2011; Godzicki et al., 2013; Lee, Lee & Kwon, 2011).

Un código QR es un módulo bidimensional útil para almacenar información en una matriz de puntos o códigos de barras que gracias a la inclusión de software que lee estos códigos en teléfonos móviles, ha permitido nuevos usos orientados al consumidor, que se manifiestan en comodidades como el de dejar de introducir datos de forma manual en los teléfonos o ver una información más ampliada de algún objeto, paisaje, monumento, etc. Con este sistema de almacenaje, se fomenta el uso del móvil desde un punto de vista didáctico y puede ser visto:

"como una inmersión de la sociedad actual en el contexto escolar, considerando ésta como poderosa herramienta educativa debido a sus características: portabilidad, inmediatez, conectividad, ubicuidad y adaptabilidad (Cantillo, C. Roura, N. y Sánchez Palacín, R. 2012).

"Fueron creados en 1994 por la compañía japonesa Denso Wave. Se caracterizan por los tres cuadrados que se encuentran en las esquinas y que permiten detectar la posición del código de lector. La sigla "QR" viene de la frase inglesa *"quick response"* (respuesta rápida), teniendo como objetivo leer el contenido del código a alta velocidad."

"Los códigos QR también pueden leerse desde PC, smartphone o tabletas mediante dispositivos de capturas de imagen como pueden hacerlo un escáner o la cámara de fotos, programadas que lean los datos QR y una conexión a Internet para las direcciones web." Recuperado de: http:es.m.wikipedia.org/Wiki/codigo_qr

Figura 6.1. Ejemplo de código QR que te deriva a apuntes sobre circulación vial. Elaboración propia.

Los QR-Code al ser bidimensionales pueden almacenar mucha más información que los códigos de barras simples, que suelen limitarse a un código más o menos largo. Pero la popularidad de estos códigos nace de la posibilidad de leerlos y decodificarlos mediante la cámara de un teléfono móvil y puedan, a través de un software gratuito específico instalado, reconocer la información almacenada en ellos. Los códigos QR tienen muchas utilidades destacando las siguientes (Parra, C. 2014):

- ✓ Permiten incorporar a personas en nuestras tarjetas de visita.
- ✓ Llamar a un móvil.
- ✓ Enviar sms.
- ✓ Obtener la clave WI-FI.
- ✓ Enviar un texto, evento, e-mail, ubicación.
- ✓ Proporcionar catálogos de impresos de publicidad.
- ✓ Contienen la información de una página web, de un monumento, sendero, etc. Por ejemplo, la ciudad de Lugo o el Ayuntamiento de Medio Cudeyo ya utilizan este sistema para dar información turística de la zona.
- ✓ Da la posibilidad de que los particulares, los comercios, las empresas de turismo activo y la hotelería utilicen el código QR para indicar la ubicación geográfica de locales y establecimientos, además de proporcionar información de sus servicios.
- ✓ Permiten orientarse en la ciudad y espacios naturales. Por ejemplo, en un cementerio. En 2014, en el Cementerio Israelita de La Paz, Uruguay, se implementa el uso de códigos QR para las tumbas, de manera de permitir el acceso remoto a las imágenes del cementerio y conocer la ubicación exacta de cada tumba a través de sitios web; es el primer cementerio del mundo en introducir esta innovación.
- ✓ Permiten encontrar personas y mascotas. Por ejemplo, la Feria de Sevilla, usó un sistema de códigos QR para identificar niños perdidos. Recuperado de http://youtu.be/rTVhkbhpxxY
- ✓ Dan publicidad a una ciudad, un evento, un lugar, una empresa.
- ✓ Permiten ampliar información sobre el patrimonio histórico o seguir una lista de monumentos relacionados (Godzicki *et al.*, 2013; Redondo, Fonseca, Sánchez, y Navarro, 2014), paisaje, actividades de turismo activo que se pueden realizar, lugar de visitas, horarios de transportes, etc.
- ✓ *Son encriptadores de pistas que el alumnado debe seguir para llegar a encontrar un personaje (Dourda et al., 2014), llegar al final de una ruta de orientación o gimkana (Holzinger et al., 2011).*

✓ Es una herramienta de trabajo para artistas y para estudiantes. Navacerrada, R. (2012). Como hemos podido comprobar, podemos almacenar los apuntes de los temas de nuestra programación y distribuirlos a partir de una decodificación de un código QR. Nos ahorramos imprimir los apuntes en papel. Incluso se pueden realizar exámenes mediante códigos QR de videos e imágenes a comentar.

Uso educativo y recreativo para ghynkanas, juegos, complementos de trabajo, etc. Sánchez, A. (2013). Además, podemos ver que en este tipo de usos,

"Existe una mejora en el conocimiento siempre y cuando se realice una conexión entre los códigos QR y la realidad, es decir, que las TICs sean un producto mediador entre un marco tecnológico y un aprendizaje que sea representativo para quien lo utiliza, independientemente de que el objetivo sea académico o cultural." Perales & Adam (2013).

Para crear un código QR se necesitan dos cosas: el contenido que queremos incluir en el QR-Code y la herramienta para generar la imagen correspondiente. En cuanto a la herramienta, existen muchas páginas en Internet en la que se puede crear la imagen de un código QR introduciendo el texto que debe contener. Por ejemplo, existen diferentes aplicaciones y dispositivos inteligentes que se pueden descargar gratuitamente: scan Life (recomendada en español), bee tag, up code, i.nigma, quick mark. Aunque el que más se está utilizando es el generador con la dirección www.codigos-QR.com

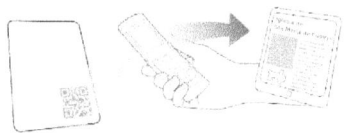

Figura 6.2. Proceso del funcionamiento de un código QR. Recuperada de:
http://turismomediocudeyo.es/web/wp-content/uploads/imgtechturismo/png

"En el caso del turismo activo o actividades de ocio al aire libre organizadas, se pueden diseñar aplicaciones que contemplen la experiencia real, información turística y técnica útil sobre las actividades, Además, se pueden complementar con actividades de orientación, gymkhanas, cazas del tesoro; que proporcionan un plus de diversión y atractivo a la actividad" (Parra, C. 2014).

6.2. LA REALIDAD AUMENTADA COMO EJEMPLOS DE ATRACTIVOS EDUCATIVOS, TURÍSTICOS Y MARKETING.

Siguiendo la línea anterior y utilizando los códigos QR, podemos elaborar unas guías turísticas o cuadernos de campo, bien sea por el pueblo, zona natural, ciudad, mediante la realidad aumentada (ahora en adelante RA). La RA (viene del anglosajón AR -Augmented Reality-) se trata de una aplicación muy innovadora que permite, al enfocar con la cámara de nuestro dispositivo móvil ó tablet un código QR, visitar de manera real, objetos o lugares de interés turístico con información geolocalizadadas (hoteles, casas rurales, restaurantes, etc) tomadas de Internet y visibles sobre el terreno por medio de teléfonos móviles con GPS (androide-iphone), ofreciendo información tales como teléfonos, distancias, dirección, etc. Debido a sus características innovadoras de multiplicar la calidad y cantidad del conocimiento accesible a una tecnología visual a través de contenidos virtuales, hacen que sea un buen momento para apostar por ello.

> *"La RA es el presente, y como tal, va evolucionando hacia algo más novedoso y original, debido a la espectacularidad y rápido posicionamiento vivencial, producto de combinar elementos virtuales sobre un entorno físico real y el crecimiento exponencial de las aplicaciones, cada vez mayor de usos empresariales y nuevas oportunidades de negocio. Este crecimiento es debido a la revolución de los entornos móviles y la penetración masiva de dispositivos de última generación como smartphones y tablets"* (Realidad aumentada y turismo. Tecnología e innovación al servicio de la mejora del sector). En web: http://www.turispain.com/turismo-activo

Es *"una oportunidad que no podemos dejar escapar"*, y que tenemos que apostar fuerte en este trabajo sobre la RA porque ofrecen una serie de ventajas a nivel educativo como (Parra, C. 2014):

- ✓ Proporcionar información sobre atractivos turísticos y patrimoniales de la ciudad o municipio. Por ejemplo, Utrera (Sevilla) utiliza la plataforma de realidad aumentada LAYAR, líder en todo el mundo. Esto permite conocer una ciudad mediante un paseo por esta, realizando una orientación urbana o ghymkana.

- ✓ Identificar atractivos turísticos mediante la realidad aumentada ofreciendo una experiencia 3D de museos, monumentos, edificios emblemáticos, plazas, etc. Una forma más divertida que incluso se pueden convertir en juegos de plataforma sobre un tablero real. Con esta iniciativa podemos cumplir muchas de las competencias exigidas en nuestro diseño curricular a la vez que estamos realizando una actividad lúdica y educativa en nuestra ciudad.

- ✓ Dar la oportunidad de moverse por la ciudad o municipio con total autonomía, a la vez que los alumnos aprenden sobre su cultura, historia y patrimonio.

- ✓ Es una tendencia de moda muy popular que se está utilizando en importantes empresas para publicitar y dar información del producto, como por ejemplo Coca Cola, Nestlé, Adidas, Nike, BMW, Lego, Benetton, Axe o Burger King.

- ✓ Permiten dar información sobre una agenda de actividades de ocio y recreación que se pueden experimentar de manera virtual o in situ mediante empresas de turismo activo de la zona, fomentando la ocupación de ocio y tiempo libre de los jóvenes. Por ejemplo, Andorra ya tiene una aplicación específica de actividades de turismo activo.

    Recuperado de http://m.visitandorra.com/es/andorra-apps/guia-de-turisme-actiu-d-andorra/. Esta aplicación ofrece información de una gran cantidad de rutas al aire libre gratuitas, con mapas offline y un detallado seguimiento GPS disponibles sin necesidad de conexión a Internet. Además, contiene información útil tanto de tráfico como de meteorología, distancia, desnivel, puntos de agua en una ruta, se puede consultar y proponer rutas de senderismo, de esquí y de montaña, barranquismo, vías ferratas, etc.

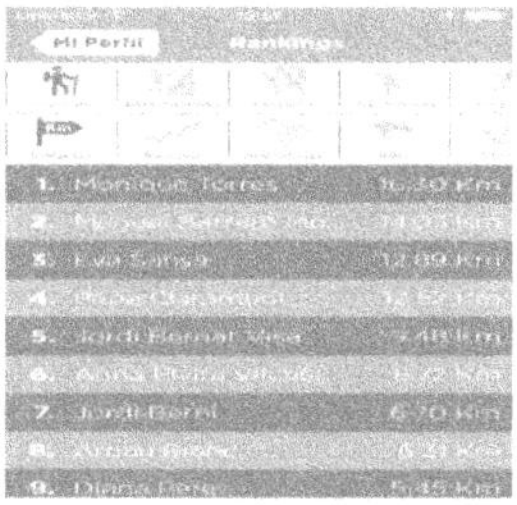

Figuras 6.3. Ejemplo de app de turismo activo. Recuperadas de
http://m.visitandorra.com/es/andorra-apps/guia-de-turisme-actiu-d-andorra/

6.3. LOS JUEGOS CON GPS COMO TENDENCIAS DE INNOVACIÓN EDUCATIVAS: GEOCACHING, GEOCHECKPOINTING Y MUNZEE.

Las siglas GPS significan Global Positioning System, en castellano Sistema de Posicionamiento terrestre; es un método de orientación basado en las señales que reflejan una serie de satélites del Departamento de Defensa de los Estados Unidos. El GPS es un aparato electrónico que, mediante una red de satélites en órbita, permite establecer el dato de nuestra posición aunque haya poca visibilidad y con un margen de error insignificante (con un error máximo de 100 metros). A partir de la obtención de la posición, el GPS opera como un ordenador que procesa y transmite toda la información necesaria para seguir una ruta siempre y cuando tenga registrada la información del punto de destino. El GPS permite según Gómez Cimiano, J. (2003. Pp.72):

- *Introducir puntos de ruta definidos a través de sus coordenadas extraídas de un mapa.*

- *Buscar en la memoria los puntos de ruta almacenados que pueden ser registrados manual o automáticamente.*

- *Los receptores GPS son capaces de crear un número variable de rutas con un número máximo variable de tramos.*

- *Cuando marchamos a lo largo de un tramo en dirección a su punto final, la pantalla de navegación del GPS nos va mostrando una serie de datos, rumbo, distancia, desviación o desvío lateral, la velocidad, etc.*

- *Permite estimar el tiempo necesario para alcanzar el destino, la lectura ofrece en datos de velocidad real de avance y de la velocidad de avance eficaz en porcentaje.*

- *Información de tiempo y distancia total sobre la distancia que se ha recorrido y el tiempo transcurrido desde el último ajuste efectuado.*

- *Las velocidades media y máxima que refleja el promedio de velocidad de marcha y la velocidad máxima alcanzada.*

Sin embargo, a pesar de todas estas ventajas, tenemos que ser prácticos y realistas, ya que un centro educativo no tiene acceso a estos aparatos aunque podemos hacer uso de ellos de una manera alternativa a través del uso de los teléfonos smarphone o tablets, puesto que la mayoría de estos aparatos, llevan incorporado un sistema GPS en el móvil. Por lo tanto, estamos incorporando otra alternativa de ocio y recreación mediante el uso educativo del teléfono móvil, en concreto a través de los juegos con GPS. Estos juegos pueden tener diferentes fines: el entretenimiento lúdico para conocer un entorno natural; turístico o con un fin comercial, mediante la promoción de los servicios o productos de una empresa con incentivos para los usuarios como premios, cupones o descuentos. Pero la finalidad que nos interesa, por el momento, es la educativa utilizando estos juegos para implementar acciones didácticas. Siguiendo a Tejedor, J.C. (2006), el uso del GPS en el sistema escolar puede tener varias aplicaciones:

> *No perderse: encontrarse, posibilidad de repetir o realizar una ruta sin haberla hecho antes, pedir auxilio en caso de accidente, dibujar tu ruta sobre el mapa y crear imágenes en 3D con altimetrías, crear nuestras propias rutas y rutómetros, crear y modificar mapas para orientación escolar, creación de "Ambiental-Hitos", jugar al geodashing o jugando a coleccionar puntos geográficos, etc.*

Sin embargo, nos centraremos en juegos más prácticos y atractivos porque son tendencias de moda que pueden hallarse por todo el mundo, moviendo una gran masa social de participantes y "adictos" a estos juegos. Son nuevas modas y tendencias, que introducen la caza del tesoro para incrementar la introducción y explotación pedagógica en todas las áreas curriculares, como las experiencias de Pérez Amate, M. del M., & Pérez Ordás, R. (2012), en las que se usa GPS para iniciar al alumnado en la búsqueda del tesoro *(geocaching)*, al deporte de orientación y otras experiencias utilizando estos juegos como la "RutaTIC" de Fernández, R.; Herrera-Vidal, J.I. & Navarro, R. (2015) y Sánchez, A. (2013).

Entre estos juegos con GPS utilizando el teléfono móvil, podemos destacar: el Geocaching y sus variantes de juego (opencaching network o terracaching), Muzzle y Geocheckpoint.

- **El Geocaching (tesoros ocultos).**

El **Geocaching (tesoros ocultos)** es un juego de búsqueda de tesoros al aire libre, en el mundo real, en el que los participantes se dirigen a unas coordenadas GPS en concreto y tratan de encontrar el geocaché (contenedor) oculto en esa ubicación, también denominado tesoro. "*La palabra geocaching se refiere a GEO por geografía y a CACHING, el proceso de esconder un caché. La caché en términos informáticos se refiere generalmente a la información almacenada en la memoria para que sea más rápida de recuperar, pero el término también se utiliza en senderismo y camping como* *un escondite para ocultar y preservar provisiones"*. Recuperado de: http://www.geocaching.com/guide/default.aspx

> *Estos juegos de los tesoros ocultos se originaron cuando fue suprimida la degradación de la señal GPS, llamada Select Availability, por la administración Clinton (01-05-2000), abriéndose la posibilidad de divertirse con juegos como Geocaching. El 3 de mayo de 2000, una persona escondió un recipiente (geocache) con varios objetos en las afueras de Portland (EEUU) para así celebrar la suspensión de la restricción. Seis días después, este tesoro había sido visitado en varias ocasiones, siendo Mike Teague el primero en encontrar el recipiente y registrarse en el libro del tesoro, posteriormente se publica un portal web donde se podrían registrar las visitas on line, situar caches en mapas, etc. Mora, J.M. (2008. Pp.87).*

Puede ser una herramienta excelente de trabajo para los escolares, los cuales pueden iniciarse en el patio del colegio. Es un juego a medio camino entre el deporte y la aventura, que sólo necesita un dispositivo GPS o un teléfono móvil con GPS para que puedas dirigirte al caché, y una suscripción a geocaching.com.

El procedimiento es muy sencillo y se divide en tres simples pasos (modificado de Mora, J. 2008. Pp.88): esconder el tesoro, buscar el tesoro y encontrar el tesoro.

- **Esconder el tesoro.** El juego comienza cuando la persona esconde un objeto en un lugar y publica su localización en coordenadas (longitud y latitud) en una página web creada al efecto. Una de las webs más populares que tienen hasta 8000 tesoros escondidos en 210 países: http://www.geocaching.com/guide/default.aspx. El tesoro puede adquirir formas muy diversas, pero siempre contará con un libro de registro para poder apuntar las experiencias y la dificultad que ha tenido en encontrar el tesoro. Entre la gran variedad de tipos de geocachés, podemos inclinarnos por los más interesantes a nivel didáctico y pedagógico como:

    ✓ <u>Geocaché tradicional.</u> *Éste es el tipo de geocachés original, y el más directo. Estos geocachés consistirán en un contenedor en las coordenadas indicadas. Los contenedores de mayor tamaño pueden contener objetos de intercambio y rastreables.*

    ✓ <u>Multi-caché</u>. Estos geocachés utilizan dos o más ubicaciones, de las cuales la última será un contenedor físico con un libro de registro en su interior. Hay muchas variantes pero, habitualmente, una vez que te encuentres en la primera etapa recibirás una pista sobre la posición de la segunda. La segunda etapa tendrá una pista para la tercera, y así sucesivamente.

- ✓ <u>Caché evento</u>. Un caché evento es una reunión de geocachers locales o bien de organizaciones de geocaching, en este caso, podremos sustituirla esta reunión con una visita al profesor.

- ✓ <u>Evento Cache In Trash Out (CITO).</u> Cache In Trash Out es una iniciativa medioambiental apoyada por la comunidad del geocaching. El objetivo principal de este programa es limpiar y preservar los entornos naturales que disfrutamos mientras hacemos geocaching. Podemos aplicarlos en el patio del colegio o en los entornos lejanos o cercanos donde realicemos la búsqueda del tesoro.

- ✓ <u>Caché virtual</u> (waymarks) Un caché virtual consiste en descubrir un lugar, no un contenedor. Los requisitos para el registro de un caché virtual varían: se te puede pedir responder a una pregunta sobre el lugar, tomar una fotografía, completar una tarea, etc…Este tipo de caché y multicaché, servirán como instrumento base para la organización de la orientación urbana 3.0.

- ✓ <u>Caché de Webcams</u>. Hay geocachés que utilizan cámaras webs en funcionamiento que permiten la visualización de varias áreas como parques o complejos empresariales. La idea consiste en que, para registrar tu visita, debes de situarte delante de la cámara y guardar una captura de la pantalla de la página web desde donde se accede a la cámara. Recuperado de: http://waymarking.com/cat. La adaptación de este tipo de caché, realizando una foto en el sitio encontrado con todos los integrantes del grupo, puede ser también una herramienta para la organización de la orientación urbana 3.0.

- **Buscar el tesoro:** como en otros muchos juegos, en el geocaching pueden existir varios niveles de dificultad. Cuando iniciamos este tipo de juegos, tenemos que buscar una ruta sencilla, en nuestro caso, tendremos que "hacerlo en chico", es decir probar la experiencia en el patio del colegio o gimnasio, con tesoros relativamente sencillos de encontrar. Estos retos son la excusa perfecta para convertir esta experiencia en algo más que un juego, un ocio alternativo para los jóvenes. El juego se puede complicar por la manera de plantear la incógnita del escondite. Hay diferentes modalidades: tal vez las coordenadas sólo marquen el punto neurálgico desde el que se han de seguir una serie de postas naturales ó solos lleven a un primer escondite que anuncie el siguiente.

- **Encontrar el tesoro:** para llegar al tesoro es importante interpretar bien las coordenadas pues ésta es la esencia del juego, pero hay otros elementos que sirven de ayuda como los mapas topográficos, elementos naturales, brújulas, etc. Con esto, incluiremos algunas nociones básicas de orientación o desplazamientos en el medio natural.

Para terminar resulta importante, como en todos los juegos, establecer unas reglas de juego (*Mora, J.M. 2008. Pp.88*), como por ejemplo:

> • *Se trata de un juego en la naturaleza, por lo que los que se acerquen a ella han de respetarla. Los tesoros enterrados son considerados como tales, hay que camuflarlos pero nunca cavar en la tierra para esconderlo o arrancar ramas de árboles.*

> • *No podemos esconder tesoros en un lugar si no tenemos la posibilidad de ofrecer las coordenadas ni de retornar al enclave en caso de que el tesoro no se encuentre o sufra alteraciones del entorno que dificulten la búsqueda.*

> • *No se pueden esconder los tesoros en zonas privadas, militares, vías del tren o aeropuertos.*

> • *Si se encuentra el tesoro y se coge, hay que dejar algo a cambio.*

> • *Deben aplicarse las normas del compañero: no se puede ir solo, siempre en compañía y avisaremos en casa de la hora de vuelta. Conviene hacerse con un terminal GPS resistente, especialmente diseñado para ir al campo y soportar golpes.*

> • *Cuando se encuentra un tesoro conviene hacer conocer al dueño las condiciones en las que se encontró el tesoro.*

> • *Se recomienda llevar una bolsa de basura para recoger todo aquello que se ensucie, contamine y te pueda molestar en tu búsqueda del tesoro.*

Podemos encontrar más información en el enlace de esta página web: www.geocaching-hispano.com.

- **El munzee.**

El **munzee** es un juego similar al geocaching pero en este caso, se puede esconder y buscar el tesoro, pero sin embargo, cuando se "captura" un tesoro este se convierte en una pieza del juego que contiene un código QR registrado. La persona que captura o esconde estos códigos obtiene una serie de puntos, sin la necesidad de estar conectado (offline), pudiéndose subir los datos cuando estén en una zona de WI-FI libre. En función de esto, según la nueva ley LOMCE, *"Todos los centros educativos deben tener zonas de acceso libre a internet"*

El nombre de Munzee proviene de la palabra alemana "munzeë", que significa moneda. *"La idea original era utilizar fichas o monedas para las piezas del juego"* Vardeman, R. (2011). Recuperado de: http://geocachingesp.blogspot.com.es/

Una vez obtenidas todas las piezas del munzee se obtendrán una serie de puntuación donde ganará el que haya realizado más puntos en un tiempo determinado.

Figura 6. 4. Juego del munzee. Imagen recuperada de: http://geocachingesp.blogspot.com.es/

El juego se ha extendido, desde los países pioneros Alemania y Estados Unidos a más de 50 países y hay por lo menos un munzee desplegado en cada continente, incluida la Antártida.

Aplicado en el campo educativo, podemos realizar estos juegos en forma de ghymkana por equipos, de tal forma que no pueden volver a encontrar otro muzeë, hasta que no pasen por el profesor. De esta forma, el docente tiene un mayor control de la actividad y de los niños, cuando se realice este tipo de juegos en un entorno cercano al centro educativo.

- **El geocheckpointing.**

El **geocheckpointing** es un nuevo juego al aire libre para usuarios de GPS desarrollado en Europa, siendo un juego híbrido geocaching-Munzee porque requiere utilizar un GPS o un mapa para localizar los puntos visibles de control. En este juego, no hay contenedores (geocaché) y lo más importante para el creador, Petr Sejba, *es que "no hay registros molestos en* *los que tienen que escribir".* Según Sejba (2011). Recuperado de: http://geocachingesp.blogspot.com.es/

"El objetivo de cada GeoCheckpoint es mostrar a los demás algo interesante. Puede ser un buen lugar en la naturaleza, en un edificio histórico, parque, mirador, etc - simplemente cualquier cosa vale la pena visitar". Recuperado de: http://geocheckpointing.com. Gracias a esto podemos desarrollar algunas de las competencias del curriculum como: competencia de comprensión lingüística, digital, etc; o bien puede ser un juego con carácter interdisciplinar con otras asignaturas relacionadas con el arte, la naturaleza, etc.

El geocheckpoint, desde el punto de vista didáctico y organizativo, es mucho más fácil de montar y de jugar, porque son claramente visibles y más fáciles de encontrar. Además, cuando encuentras un geocheckpoint, simplemente anotas un código de tres letras, por lo que resulta más fácil de recordar y adaptar a los más pequeños.

6.4. EJEMPLOS PRÁCTICOS DE REALIDAD AUMENTADA ADAPTADA AL SECTOR EDUCATIVO Y LAS ACTIVIDADES DE TURISMO AL AIRE LIBRE.

Estás pensando demasiado, esta iniciativa educativa de utilizar la realidad aumentada se está desarrollando como gancho del turismo en ciudades y en municipios. La gran mayoría de los municipios y ciudades importantes, poseen ya una aplicación de realidad aumentada por ejemplo: Utrera, Segovia, Lugo, Almería, etc. Además, las diferentes alternativas de la realidad aumentada, no ponen límites a la creatividad publicitaria, pudiendo reproducir una vivencia al enfocar un determinado lugar o un código QR. Un ejemplo claro que debemos resaltar, es la aplicación de realidad aumentada "The World Park" que tiene como objetivo cambiar la imagen del Central Park de New York en un parque temático moderno y virtual mediante la creación de un museo al aire libre. Recuperada de: http://www.youtube.com/watch?v=7OCyfV_k2_g

Teniendo en cuenta este ejemplo, podemos poner en marcha una iniciativa educativa similar, económica y casera. Para ello, puedes adecuar esta realidad aumentada a tus posibilidades económicas, recursos materiales y humanos, adaptándola a nuestro entorno educativo, ya sea en nuestro centro, en un espacio cercano o lejano, como puede ser una ciudad, una excursión, un campamento, etc. Podemos hacer un recorrido virtual de la instalación o de las actividades de Turismo Activo que vamos a realizar en las excursiones/ campamentos o simplemente un recorrido virtual por nuestro centro (jornadas de puertas abiertas) o parque más cercano.

Para esto, tenemos que dividir el trabajo por espacios o zonas mediante una serie de estaciones donde se ubican normalmente estas actividades, lugares, zonas del sitio elegido y crear ahí la RA, lo que proporciona una disponibilidad absoluta en cualquier momento del día una vez que se haya realizado la realidad aumentada.

En cada espacio o zona colocas en un hito o pegas un código QR que te reenviará a un video o una explicación de la zona, actividad o información de interés que se realiza en este espacio. Este video se realizará previamente por los alumnos que explicarán dicha zona, actividad, experiencia educativa o tema complementario como por ejemplo, un tema de educación ambiental. De esta forma, creamos unos "guías turísticos virtuales" (alumnos), desarrollando una serie de competencias que ayuden al alumno a potenciar su desarrollo integral.

"Se utiliza esta forma visual porque los usuarios de la red están interesados por el video (más del 55 % del tráfico de Internet es alrededor del video). Con esto, tratamos de integrar las nuevas tecnologías y las nuevas tendencias a los discentes, pudiendo realizar otros trabajos como los "videocurriculum" y así acercarse a un mundo laboral de la forma más reciente y novedosa, ya que *el uso del video en la promoción del producto, webs, empresa a través de Internet es actualmente una forma muy eficaz de marketing y está siendo utilizada por empresas y personas"* Perdomo, S. (2013. Pp.60).

A continuación, se establecerán las zonas y se vinculan los videos grabados de estas actividades mediante un código QR. Por ejemplo, en el gimnasio del centro educativo a modo de jornadas de puertas abiertas virtual, podemos establecer diferentes zonas como zona de tiro con arco, zona de escalada, zona de descenso en cuerda (ráppel), zona de puenting, zona de red de asalto, zona de vía ferrata, zona de descenso de barrancos, zona de espeleología, juegos y actividades de aventura, juegos y circuitos de mountain bike.

En cada zona, por lo tanto, habrá un código QR que te remite a un video de experiencia o innovación educativa de la actividad, que hemos realizado anteriormente con los alumnos y la hemos grabado en video. Esto permite tener una idea global a los padres y a los demás profesores de lo que se está desarrollando en nuestras programaciones de lo que se hace y cómo se hace en los centros educativos, en las empresas de turismo activo, en los campamentos y en las excursiones.

Una vez que tengas los videos, puedes crear una vinculación URL, al blog del centro educativo o de la asignatura, para poder tener este recorrido virtual o realidad aumentada colgados en la red o en las redes sociales. Además, estos videos pueden ser usados en las redes sociales para compartir las experiencias de las actividades o experiencias de innovación educativa con otros centros.

6.5. LA ORIENTACIÓN URBANA 3.0. PROPUESTA DIDÁCTICA INNOVADORA SOBRE UNA ACTIVIDAD DE ORIENTACIÓN URBANA COMBINANDO LAS NUEVAS TENDENCIAS TECNOLÓGICAS.

"Discurrimos por las calles de nuestros barrios y ciudades de manera autómata, tal y como hemos aprendido en el devenir de nuestra ontogénesis. Marchamos por las calles de nuestros municipios habitualmente sin observar detalles presentes en el paisaje urbano: escudos, estatuas, nombres de las calles, estilos arquitectónicos, imágenes en sus hornacinas, decoración de puertas o fachadas, señales de tráfico, papeleras, paneles informativos, variedad de vegetación ornamental, etc. Esta orientación urbana inconsciente y automática se puede transformar en una verdadera aventura gracias a un juego lleno de acertijos a resolver "(Bravo et al., 1999).

En la actualidad, la orientación se ha convertido en unos de los contenidos más utilizados en nuestras clases de educación física, siendo además uno de los contenidos que más se repiten en los diferentes cursos. Normalmente, la enseñanza de la orientación, se basa más bien en la adquisición de un conjunto de aprendizajes y en el manejo de una serie de instrumentos creados por nosotros mismos: mapa, callejero, brújula, GPS, etc. En muchos de los casos, nos limitamos a estos contenidos pero debemos tener otro tipo de iniciativas para poder motivar a los alumnos. Tenemos que conocer que *la orientación tiene variadas posibilidades de ser presentada a nuestros discípulos, cualquiera que sea el nivel o etapa del actual sistema educativo* (Luque, 2004).

Una de las iniciativas que suelen tener éxito entre los alumnos es la orientación urbana recreativa: actividad formativa, lúdica y turística que es muy bien acogida por los participantes. Además, son innovaciones educativas que permiten conocer mejor nuestro entorno, nuestra ciudad y múltiples elementos culturales que encierran las calles, sus plazas, sus muros, etc; *siendo nuestra función como docentes hacerlos salir a la luz y permitir su conocimiento con el fin de facilitar su apropiación* (García Montes & Hernández .1998)

Por esto, son muchos los docentes de educación física que organizan sesiones sobre la orientación urbana recreativa, teniendo una buena excusa para hacer turismo de interior (Canto et al., 1999; Bravo et al., 1998; Parra et al., 2000; García, E. 2001; Romero, O. 2001; Rodríguez et al., 2002; Rodríguez, C. et al. 2002 ; Valls, V.J.; Viciano, S.; García, R.2004. Luque, P & Sánchez, P. 2008.; VVAA. 2010, Fernández, R.; Herrera-Vidal, J.I. & Navarro, R. 2014.)

Después de ver todas estas iniciativas, y acercándonos a la propuesta de *"RutaTIC"*, de Fernández, R.; Herrera-Vidal, J.I. & Navarro, R. 2014, vamos a dar un paso más tecnológico y digital, dando un guiño a las competencias del diseño curricular, más concretamente la competencia digital. Es decir, utilizando nuevas tecnologías como los códigos QR, la realidad aumentada, los juegos con GPS (geocaching, muzëe y geocheckpoint), las cámaras digitales (tipo go-pro) y sobre todo el uso del móvil mediante aplicaciones con GPS y acceso a internet, aplicando el llamado aprendizaje jugando (Godzicki *et al.*, 2013; Holzinger et al., 2011 y So, 2011).

Este tipo de actividades pueden tener como único fin el entretenimiento lúdico y cultural para conocer un entorno natural, turístico o implementar acciones didácticas, siendo tendencias de moda que mueven a una gran masa social. Estas acciones animan a hacer un uso educativo-cultural y recreativo de los códigos QR y la realidad aumentada para ghymkanas, juegos, complementos de trabajo, etc. Además, para organizar este tipo de actividades se hace necesario realizar un trabajo previo de carácter propedéutico donde debemos realizar un pequeño "ensayo" dentro del centro educativo y posteriormente aplicarlo en un circuito urbano cercano o lejano, marco alternativo lejano.

6.5.1. Desarrollo de la actividad. La orientación urbana 3.0.

La práctica consiste en una orientación urbana recreativo-cultural por equipos que combina una orientación urbana en el que deben realizar un recorrido con mapa y brújula en el que se incluyen puntos de control (tipo score) y varias pruebas especiales que los participantes pueden superar para conseguir más puntos o más balizas. Podemos definir una Orientación Urbana como una actividad lúdica y formativa cultural, que consiste en trasladarse de un punto a otro por la urbe, ayudándose de una información y un mapa mudo adjunto, respetando la finalidad del juego geocheckpoint (mostrar un lugar que merezca la pena ver o visitar). Los detalles de la ciudad en códigos QR y realidad aumentada, serán las balizas de control que servirán para los participantes poder pasar de un lugar a otro, superando una serie de pruebas o contestando unas preguntas, y a la organización, como control de paso.

Lo que varía con relación a la orientación urbana tradicional es que cada equipo va con un mapa digital en su móvil o tablet y las balizas se sustituyen por códigos QR (geocaching o munzee), que deben escanear con un teléfono móvil con una aplicación descargada para tal efecto, que te permite un enlace a la siguiente pista del juego como por ejemplo:

- Caché virtual (waymarks) Un caché virtual consiste en descubrir un lugar, no un contenedor. Los requisitos para el registro de un caché virtual varían: se te puede pedir responder a una pregunta sobre una zona característica sobre un monumento, una calle, una plaza, una tienda, sobre el lugar, tomar una fotografía, completar una tarea, etc. La respuesta correcta te llevará a la siguiente baliza y te permite ampliar información sobre el patrimonio histórico, paisaje, actividades de turismo activo que se pueden realizar, lugar de visitas, horarios de transportes, etc.

- Multi-caché. Estos geocachés utilizan dos o más ubicaciones, de las cuales la última será un contenedor físico con un libro de registro en su interior. Hay muchas variantes pero, habitualmente, una vez que te encuentres en la primera etapa recibirás una pista sobre la posición de la segunda. La segunda etapa tendrá una pista para la tercera, y así sucesivamente.

- Caché evento. Un caché evento es una reunión de geocachers locales o bien de organizaciones de geocaching, en este caso, podremos sustituirla esta reunión con una visita al profesor, en la que tengan que ir al punto de encuentro para buscar al profesor o uno de los responsables.

- Evento Cache In Trash Out (CITO). Cache In Trash Out es una iniciativa medioambiental apoyada por la comunidad del geocaching. El objetivo principal de este programa es limpiar y preservar los entornos naturales que disfrutamos mientras hacemos geocaching. En este caso, los participantes pasaran por parques y jardines de la ciudad, contestando a las preguntas o superando pruebas de carácter medioambiental.

- Las indicaciones sobre una prueba en grupo que tienen que realizar in situ, una foto en un sitio característico, disfrazado, haciendo una representación, etc. Posteriormente, debe grabarla o hacer la foto para mandarla o demostrar su paso por esa baliza.

- Una dirección con coordenadas para utilizar la aplicación de tu móvil o bien la brújula.

- Un video o realidad aumentada sobre las indicaciones que tienes que hacer, o directamente podemos ver donde te dirige esa grabación a la la baliza más cercana de la forma más rápida (grabada anteriormente con una cámara tipo go-pro).

- El mapa que te dice donde está una baliza escondida con puntos extra, mediante una ilustración tradicional o utilizando por ejemplo un mapa de orientación dufour.

- Una clave de una contraseña de un wi-fi gratis de una tienda, cafetería, etc.

- Una foto que te dirá donde está la otra baliza extra de puntos, aplicando otro tipo de actividad como es el rally fotográfico.

- Una tarjeta de visita en la que te dice la dirección o el contacto donde tienes que ir para obtener puntos extras.

El recorrido desde un principio (la primera parte) será en el centro educativo o en un marco alternativo cercano como puede ser un parque o complejo deportivo, es decir, "hacerlo en pequeñito". A la hora de realizar la segunda parte de la orientación urbana, se debe limitar el espacio y aumentar la escala del mapa, que en este caso, se localizará en el casco antiguo de una ciudad o un entorno rural o pueblo (siempre con zonas limitadas).

El tiempo para realizarlo es limitado, de tal forma que es imposible completar todos los puntos de control-balizas o códigos QR, por lo que cada equipo plantea su estrategia y elige realizar lo que considera más conveniente, para obtener el máximo de balizas y puntos extras posibles.

Objetivos de la sesión.

El principal objetivo es realizar una propuesta de actividad físico-deportiva-recreativa y cultural dentro del currículum del alumnado de secundaria, bachillerato, formación profesional o universitaria empleando la orientación urbana recreativa como medio para dar a conocer el patrimonio histórico-artístico de la ciudad. Entre otros objetivos como:

- Vivenciar diferentes formas de actividades de orientación.
- Para los voluntarios, experimentar un montaje de una actividad de orientación urbana recreativa-cultural.
- Fomentar la enseñanza jugada en nuestras clases (Godzicki *et al.*, 2013; Holzinger et al., 2011 y So, 2011).
- Disfrutar con este tipo de actividades.
- Repasar conceptos básicos de orientación y otras actividades como rápel, vías ferratas, barrancos, etc.
- Conocer y aplicar nuevas tecnologías en el ámbito de la educación y recreación.
- Conocer una ciudad a través de un juego didáctico y cultural.

Contenidos de la sesión.

1. Orientación recreativa urbana.
2. Orientación en score.
3. Orientación por rumbo.
4. Rally fotográfico.
5. Geocaching, geocheckpoint y munzee.
6. Utilización de mapas, brújulas y GPS.
7. Códigos QR y realidad aumentada.
8. Uso del móvil para el aprendizaje de una forma lúdica, didáctica y divertida.
9. Contenidos transversales como:

a. <u>La Cultura Andaluza:</u> la cultura de nuestra comunidad nos ofrece un marco inmejorable para plantear actividades fuera del centro de trabajo no sólo en el medio natural (parques naturales próximos y zonas verdes) sino también el medio urbano (cascos históricos antiguos, parque urbanos, etc). En nuestro caso, para poder tener un guión o hilo conductor nos hemos basado en varios libros sobre la historia de Sevilla, sus monumentos, sus calles, sus tradiciones, etc. Nos hemos orientado en los siguientes libros:

- *Sevilla desaparecida* de Nicolás Salas (2008). Ed.Guadalturia.

- *Ciudad de leyenda Sevilla* de Manuel Grosso (2009). Ed. Jirones de Azul.

- *Apuntes para conocer Sevilla* de Jaime Passolas Jauregui (1999). Ed. Castillejo.

- *Iglesias de Sevilla* de Manuel Jesús Roldan (2010). Ed. Almuzara.

- Adivinando Sevilla de Ana María Durán Ruiz (2015).

b. <u>Educación Ambiental:</u> si consideramos el ambiente como todo cuanto nos rodea, la Orientación como medio Educativo dentro de la materia de Educación, va a jugar un papel importante en la medida que concienciemos a nuestro alumnado a respetar el medio natural y urbano donde se lleven a cabo actividades. Además, mediante esta actividad, los participantes deben pasar por diversos parques y jardines del centro de Sevilla, admirando su belleza y teniendo que contestar preguntas, por ejemplo, acerca de su vegetación. Para ello, nos hemos informado y documentado gracias a la *Guía de los Parques y jardines de Sevilla. 1999, pp.1-80.* Ayuntamiento de Sevilla. Área de Medio Ambiente.

c. <u>Educación para la Salud:</u> la mayoría de las actividades de Orientación implican inherentemente movimiento y desplazamiento. Por lo tanto, siempre que las planteamos, debemos tener en cuenta que integramos este contenido transversal.

d. <u>Educación para la Igualdad:</u> un contenido eminentemente coeducativo donde se plantean tareas (uso y manejo de mapas, resolver pistas, manejo de brújula, etc...) que permiten al alumnado dar respuesta a las diferentes situaciones planteadas evitando cualquier tipo de estereotipos o prejuicios sexistas.

Interdisciplinariedad.

Las características que posee la orientación la hacen factible para su empleo desde los últimos cursos de primaria, así como a lo largo de toda la etapa de secundaria, además de permitir un trabajo interdisciplinar con otras materias como Geografía, Ciencias Naturales, Lengua y Plástica y el desarrollo de los temas transversales como la educación ambiental, coeducación, educación vial y educación para la salud.

Organización de la orientación 3.0.

Para la organización de la actividad fue necesario dividir este proceso en tres partes: primera fase preparatoria (pre-actividad), segunda fase durante la prueba (inter-actividad) y una última fase post-actividad.

Primera fase preparatoria:

Para comenzar esta actividad, debemos elegir la zona en la que queremos realizar la ruta de orientación, bien por su valor patrimonial, cultural, natural, o simplemente porque es un entorno singular donde podemos realizar una actividad de orientación. Aunque según Canto et al, (1999).

> *El tipo de recorrido variará en base a las características de los destinatarios, de los objetivos y contenidos planteados para promocionar la cultura histórico-artística de la ciudad a través del conocimiento de los diferentes monumentos, iglesias, palacios, conventos, plazas, etc.*

Como medida de progresión metodológica se aconseja:

- En primer momento, elegiremos un parque cercano al centro educativo para poder realizar una prueba de lo que será la orientación recreativa urbana. Por ejemplo, podemos organizar una orientaventura (Parra, C. 2008) (desarrollada en capítulo anterior) utilizando algunos de los elementos que vamos a utilizar posteriormente como, los códigos QR, geocaching, geocheckpoint, etc.

- Culminado el diseño del recorrido es conveniente que cada equipo de voluntarios vuelva a hacer el recorrido a pie, pasando por todos los puntos con alguien ajeno al grupo que lo ha elaborado, para verificar que todos los datos pueden ser interpretados correctamente, así como los tiempos medios necesarios para poder ser superado.

Una vez que hayamos hecho la prueba en un parque cercano, el diseño del recorrido de la orientación 3.0 y haber evaluado los posibles fallos, dudas y solucionado los problemas surgidos; nos podemos aventurar a realizar con ayuda de los alumnos de la segunda parte de la pre-actividad. Seleccionamos la ruta que vamos a realizar; que en este caso será el casco histórico de Sevilla y un hilo conductor, por ejemplo, las calles, parques y jardines, iglesias y monumentos del casco histórico, buscando la documentación en los libros anteriormente citados.

Además, nos sirvió de ayuda la instalación de un sistema de guías turísticas virtuales que existen en determinadas zonas o en las fachadas de los monumentos de Sevilla, mediante códigos QR que se vinculan a una información detallada del monumento en sí. En nuestro caso en concreto, partimos de la información que se apareció en la página web: http://www.europapress.es/turismo/destino-espana/turismo-urbano-20131205144857.html. En la que se informa que:

"Sevilla instalará códigos QR en cien monumentos de la ciudad".

Esto nos facilitó el trabajo porque pudimos sacar la información y las preguntas de los códigos QR instalados en estos monumentos. Por tanto, pudimos hacer un mapa en base a estos códigos distribuidos por todo el casco histórico, además de poner y desarrollar los nuestros propios.

A continuación, elaboramos los videos, preguntas, pruebas, etc. Una vez que tengamos todos los archivos, debemos crear los códigos QR mediante una herramienta para generar la imagen correspondiente. En cuanto a la herramienta, existen muchas páginas en Internet en la que se puede crear la imagen de un código QR introduciendo el texto que debe contener. Por ejemplo, existen diferentes aplicaciones y dispositivos inteligentes que se pueden descargar gratuitamente: scan Life (recomendada en español), bee tag, up code, i.nigma, quick mark. Aunque el que más se está utilizando es el generador con la dirección www.codigos-QR.com. A continuación se ponen algunos ejemplos de las pruebas, fotos o videos que pueden colocarse:

- Hacerse una fotografía representando lo que cuenta la leyenda de esta calle.
- Una de las pruebas será llegar a una baliza escondida mediante una orientación por rumbo o una orientación dufour.
- Se pondrá un video realizado en clase de una de las actividades de turismo activo y deben averiguar qué actividad es y enumerar los materiales se utiliza.

Una vez que se generen los códigos QR, debemos vincularlos a un blog, una nube virtual como Dropbox o una página web, etc. Para ello, y según de los autores Fernández, R.; Herrera-Vidal, J.I. & Navarro, R. 2014:

Recomendamos crear un blog, en el cual se debe incluir toda la información que van a encontrarse los participantes cuando lean cada uno de los códigos QR asignados a cada parada o posta. En este paso podemos implicar al alumnado en su creación y al profesorado de otras áreas de conocimiento. Para crear este blog, basta con buscar un servidor que permita crear un blog gratuito en un buscador de Internet y seguir los pasos para su creación (se sugieren las palabras claves "crear blog gratuito").

Una vez generado el blog y vincular todas los videos, preguntas, etc; con cada una de las paradas y postas, creando tantos códigos QR como paradas o postas necesitemos añadir a los códigos ya distribuidos por el casco antiguo de Sevilla. Tenemos que tener en cuenta que cada código QR, tiene un vínculo de la URL de la página del blog, correspondiendo así a cada posta o baliza en la orientación recreativa urbana, siendo marcado con un número o señal en el centro del código QR.

Ahora sólo nos queda, imprimir todos los códigos QR generados y colocarlos en los diferentes puntos en un mapa del casco antiguo y sobre el terreno, recordando que código corresponde a cada posta. Estos códigos imprimidos se pueden pegar o distribuir el mismo código por el suelo (es un tipo de *baliza checas* Parra, C. 2008).

Segunda fase: inter-actividad:

En el día de la prueba, nos tenemos que asegurar que todos los grupos tienen al menos dos teléfonos móviles (con memoria casi vacía) o tabletas que tengan descargada una aplicación que permita leer los códigos QR en estos teléfonos o tabletas que se vayan a utilizar en la actividad y que éstos tengan asegurado el acceso a internet durante todo el desarrollo de la actividad, en el caso contrario, existirá algunas vías de escape para conseguir wi-fi gratis. Además, se tendrán que distribuir los alumnos voluntarios en las balizas más conflictivas o por todo el recorrido (para supervisar o ayudar durante el recorrido).

Una vez realizado todo el proceso, se hacen los grupos para participar, se reparten la documentación necesaria, se informa de las instrucciones, reglas y posibles riesgos que pueden tener, el mapa de la zona y ya se puede empezar a jugar. A cada equipo se le repartirá el mapa y una hoja de ruta en excell (descargado mediante un código QR) donde estarán las preguntas y tendrán que poner las respuestas. A continuación, se dará la salida a todos los equipos, los cuales deben hacer la mayor puntuación posible en un tiempo de dos horas y media.

Normas de la prueba.

- Se le dará entre 5 a 10 minutos para planificar el bucle de la prueba ya que no van a tener tiempo suficiente para realizar todas las balizas y pruebas.

- Ganará el grupo que consiga ganar más puntos en el menor tiempo posible (tiempo establecido por la organización), realizando las pruebas y contestando las preguntas. Cada grupo contará con una hoja de ruta, especificando la puntuación de cada baliza / prueba, el código de control y las observaciones al respecto, un mapa, una brújula y una ficha de control (firmas).

- Todo el mundo tiene una hora y zona de salida y de llegada conjunta (punto de encuentro). De tal forma que pasadas las dos horas y media. Todos los grupos deben estar en la zona de llegada.

- Si hubiese algún problema o accidente, habrá un teléfono de contacto disponible en todo momento. En caso de pérdida, se tendrá que llamar por teléfono y retornar al punto de encuentro.

- No se puede seguir a los equipos.

- No quitar, esconder o desplazar las balizas, así como las pegatinas.

- Respetar tanto las normas de circulación, los viandantes tratándola siempre con respeto y la naturaleza.

- Si el equipo no permanece junto se penalizará con -30 puntos.

- Cada voluntario en las pruebas o balizas puede sancionar (a partir de 10 puntos de penalización según la infracción) a los grupos que no hagan caso a las normas anteriores.

- Se establecerá un tiempo de llegada, que a partir del cual se irá penalizando a los equipos: 5 puntos por cada minuto tarde.

- Habrá balizas obligatorias de paso que sirven como control a los profesores y voluntarios pero que sólo estarán abiertas durante un periodo de tiempo, teniendo que pasar todos los equipos en ese intervalo de tiempo. Si el equipo no pasa por la baliza obligatoria se penalizará el triple de lo que valga la baliza.

Tercera fase (post-actividad).

Una vez, terminada la prueba se realizará una evaluación sobre la actividad y se propondrán las experiencias y posibles errores o dificultades a la hora de descifrar las pistas y acertijos planteados, con el fin de poner una solución a dichos problemas. En este momento los voluntarios evaluarán las puntuaciones de cada equipo. Además, se llevará a cabo, la evaluación por parte del profesorado de la actividad realizada, prestando especial atención al nivel de participación del alumnado y a la capacidad para orientarse.

El día siguiente de la orientación urbana recreativa, se hará una proyección de todas las fotos de la actividad y se repartirán premios a los grupos ganadores.

Recursos.

Humanos.

Para el desarrollo de esta actividad se debe contar con al menos 5 voluntarios/ alumnos y al menos un par de compañeros del centro educativo para el desarrollo de las misma. Además, el profesor debe estar supervisando la prueba, penalizando si fuera necesario a los grupos que no respeten las normas.

Materiales.

El material necesario expuesto a continuación es para una actividad con 40-60 alumnos de ESO, o las ramas de Bachillerato, cursos de TSAAFD, TECO, etc. Los materiales que nos harán falta son los siguientes:

- 15 mapas de orientación del centro de Sevilla y 15 hojas de rutas (descargadas en los móviles).

- 10 teléfonos móviles o tabletas con sistema operativo Android o IOS (al menos uno por cada grupo).

- Aplicación gratuita descargada en cada teléfono para leer códigos QR.

- Fotocopias de todos los códigos QR impresos.
- Blog de Aula o página web de enlace activa con todos los archivos, videos, realidad aumentada, etc.
- App de Instagram o cámara de fotos (opcional).
- Cinta adhesiva o (fixo), para pegar los códigos QR.
- 10-15 Brújulas (una para cada grupo).
- Un cronómetro.

Para poder aclarar esta idea, proponemos una actividad de este tipo que se llevo a cabo en el centro de Sevilla para los alumnos de 1º de Grado medio de Técnicos de conducción de actividades en la naturaleza (TECO).

	ACCIONES A DESARROLLAR EN CADA ETAPA PARA LA ORGANIZACIÓN DE LA ORIENTACIÓN 3.0
PASOS PREVIOS	• Determinar los objetivos y contenidos de la actividad en concreto. • Elegir un grupo de trabajo y voluntarios para el diseño, elaboración y puesta en marcha de la actividad. • Tener claro los tipos de caches que se van a utilizar: caché evento, cache virtual, etc. • Conocer las nuevas tecnologías que se utilizaran en la actividad como los lectores, conversores y códigos QR, realidad virtual, elaboración de vídeos, sistemas de coordenadas con GPS a través del móvil. • Dar de alta a un blog o página web para poder colgar todos los archivos y videos que se vayan a utilizar. • Se debe realizar una prueba en un espacio cercano al centro educativo para poder enseñar los conocimientos básicos para poder realizar la actividad en concreto.
PRE-ACTIVIDAD	• Establecer una serie de funciones de cada voluntario, así como los espacios donde tiene que estar durante el desarrollo de la prueba. • Elegir la ruta que se va a tomar en función de los códigos QR que se vayan a distribuir y espacios con wi-fi gratuita. Esta ruta una vez concluida, se debe realizar de nuevo con un colaborador externo para conocer los fallos y el tiempo real que se tarda en realizar la actividad. • Elegir un hilo conductor de la orientación. Documentación sobre la ruta elegida. • Diseñar el circuito en el mapa, colocando los puntos y balizas, además de establecer las pruebas en lugares concretos o balizas. • Relacionar las preguntas y respuestas que deben contestar los participantes de cada grupo en cada punto o baliza situada en el mapa. Realizar las hojas excell para que puedan contestar estas preguntas y añadir las fotos de las pruebas realizadas. • Elaborar los videos que servirán para realizar las pruebas virtuales. • Transformar, si es necesario, todos los archivos de las pruebas o balizas en códigos QR (hay algunos que están distribuidos por los

ACCIONES A DESARROLLAR EN CADA ETAPA PARA LA ORGANIZACIÓN DE LA ORIENTACIÓN 3.0	
	espacios urbanos señalados en el mapa). • Vincular todos los códigos QR a la página web o blog que hemos realizado anteriormente. Después se deban imprimir. y colocar en todos los puntos o balizas • Diseñar el mapa, colocando los puntos en el mapa. • Establecer unas normas del juego y unos requisitos de seguridad.
DURANTE LA ACTIVIDAD	• Asegurarse que todos los grupos tienen lector de código QR y la memoria vacía de su móvil. • Se distribuyen los voluntarios en cada uno de los puntos o balizas conflictivas, dejando uno en el lugar de inicio y llegada. • Se realizan los grupos, se reparten la documentación necesaria y se explicaran las normas del juego, circulación y la hora de salida y llegada límite. • Una vez que todo los grupos están preparados, se enseñará en una hoja A4 el código QR que te remite al mapa de la actividad y otra hoja también con otro código QR que te deriva a la hoja de ruta (en excell) y las preguntas-pruebas que tienen que ir contestando en cada una de los puntos o balizas (en la hoja excell).
POST-ACTIVIDAD	• Una vez finalizado la actividad cuando lleguen todos los grupos, se mandará la hoja excell rellenada y las fotos a un correo coorporativo. • Se realizará una evaluación de las experiencias, dificultades durante la prueba y posibles fallos.

Tabla 22. Cuadro resumen sobre la logística y organización de la orientación 3.0

Conclusión de la experiencia de la orientación 3.0

Las TIC en las sesiones de Educación Física es una realidad positiva y beneficiosa para el alumnado. Su incorporación es un reto para los docentes al suponer una innovación pedagógica que puede mejorar los procesos de adherencia a la actividad física (Área, 2002, Capllonch, 2007, Castro Lemus, 2007, Monroy, 2010).

Esta experiencia demuestra cómo pueden convivir los TACs (en este caso el uso de los teléfonos móviles de tercera generación, los códigos QR, la realidad aumentada, las redes sociales, los blogs, los videos y las páginas webs) y la escuela, a través de una actividad dentro del área de Educación Física como es la orientación 3.0 (orientación urbana recreativa y tecnológica) aprovechando los recursos que nos ofrecen estas tecnologías, de una forma didáctica y creativa.

Con esta propuesta, animamos a todos aquellos interesados sobre el uso de los TACs en el área de Educación Física, a desarrollar la enseñanza jugando a través de una actividad culminativa como es la orientación recreativa cultural, conociendo nuestra ciudad y entorno.

> *Se pretende fomentar el análisis crítico de lo urbano, aprovechando las múltiples posibilidades que éste nos oferta y permitiendo al ciudadano sentir en sus propias calles la evolución histórica, cultural, social, etc. De sus predecesores y coetáneos de una manera sencilla, amena y socializante (García Montes, Hernández y Ruiz, 2000).*

6.6. INTRODUCCIÓN DE LAS NUEVAS TECNOLOGÍAS EN EL DEPORTE DE ORIENTACIÓN. LAS TARJETAS ELECTRÓNICAS SPORTIDENT.

El deporte de orientación ha ido evolucionado desde sus orígenes hasta la actualidad, sin embargo, uno de los mayores logros digitales y tecnológico fue pasar del sistema de control de paso por los controles (con pinza y tarjeta de control) al actual de una forma electrónica mediante una tarjeta Sportident. Este sistema está compuesto básicamente por (Guía de uso de la tarjeta Sportident. 2013. Federación Andaluza de Orientación).

- *Una tarjeta electrónica o pinza electrónica (SI-card). Cada SI-Card lleva un número que no se repite en ninguna otra y que no se asocia a ningún otro corredor. Cada tarjeta lleva en su interior un RIF-chip, rodeado de un armazón de plástico y de este armazón sale una cinta elástica que se ajusta a un dedo del corredor.*

- *Una estación o base (SI-station), es el elemento que se coloca en la parte superior de la baliza. El agujero que tiene uno de sus extremos es por donde se coloca el SI-card, para realizar la transmisión de datos segura, que se realizan mediante ondas de radio. Cuando se inserta la tarjeta electrónica en el agujero de la base, el chip registra el número de la base y el tiempo de la carrera.*

Figura 6.5. Estación o base (SI-Card)

Con el uso de esta nueva tecnología, se puede potenciar y reducir el tiempo de espera de clasificaciones y facilitar más comodidad al corredor de orientación, así se aprovechará mejor los espacios utilizados para esta actividad en el medio natural o urbano.

Bibliografía

Área, M. (2002). Manual de tecnología educativa. Tenerife: Universidad de la Laguna.

Benito, M. y Ovelar, R. (2005). Impacto de las TIC y del proceso de convergencia al EEES en el docenteado universitario. Pulsar. [en línea] http://pulsar.ehu.es/pulsar/documentacion/informes_pulsar/Informe_PULSAR_Diciembre.pdf [Consulta: abril. 2012]

Bravo et al., (1998); Las posibilidades didácticas de la ciudad: una experiencia conjunta entre la educación física y la historia del arte". Habilidad Motriz. nº 11, pp.5-9.

Cantillo, C., Roura, M. y Sánchez Palacín, A. (2012). Tendencias actuales en el uso de dispositivos móviles en educación. La Educ@ción Digital Magazine, 147, pp.1-21. http://educoas.org/portal/la_educacion_digital/147 /pdf/ART_UNNED_EN.pdf. Fecha de consulta, 14/05/2013.

Canto et al., (1999); "Los recorridos de orientación urbana, un acicate para la animación a una práctica deportiva continuada sin límites" [en línea]. Lecturas: Educación Física y Deportes. nº 14. http://www.efdeportes.com

Capllonch, M. (2005). Las tecnologías de la información y la comunicación en la Educación Física de Primaria: Estudio sobre sus posibilidades educativas. Tesis doctoral no publicada, Universitat de Barcelona. Barcelona.

Capllonch, M. (2007). Buenas prácticas en el uso de las TIC en la Educación Física escolar. Tándem (25), pp. 77-79.

Carracedo, J.E. & Martínez, C.L. (2012). Realidad Aumentada: Una Alternativa Metodológica en la Educación Primaria Nicaragüense. Nicaragua.

Carrera, F. X., y Coiduras, J. L. (2012). Identificación de la competencia digital del profesor universitario: un estudio exploratorio en el ámbito de las ciencias sociales. REDU – Revista de Docencia Universitaria, 10 (2), 273-298. Extraído de http://redabertar.usc.es/redu.

Castro Lemus, N. (2007). Propuesta de investigación de las TIC en Educación Física: diseño y experimentación de la WebQuests «Rompe Moldes». En Educación física, deporte y nuevas tecnologías (pp. 122-132). Sevilla: Consejería de Turismo, Comercio y Deporte.

Consejería de Turismo y Comercio (2013). Balance del año turístico en Andalucía 2013. Mercados Turísticos. (pp14-18).

Corrales, A. (2009). La integración de las tecnologías de la información y la comunicación en el área de Educación Física [Versión electrónica]. Extraído de http://hekademos.com/hekademos/content/ view/62/32/ el 27 de Agosto, 2011.

Ley Orgánica para la Mejora de la Calidad Educativa (LOMCE), 9 de diciembre de 2013.

Real Decreto 126/2014, de 28 de febrero, por el que se establece el currículo básico de la Educación. Boletín Oficial del Estado, 1 de marzo de 2014, núm. 52, p. 19349.

Fernández, R.; Herrera-Vidal, J.I. & Navarro, R. (2014). Las TIC como recurso en la didáctica de la educación física escolar. Propuesta práctica para la educación primaria. Esta actividad de orientación denominada "RutaTIC". Revista Digital de Educación Física. Año 6, (35) [En línea] http://emasf.webcindario.com

Federación Andaluza de Orientación. (2013). Guía sobre el uso de la tarjeta Sportident.

García González, N. & Sánchez Moreno, S. (2014). Experiencia práctica: Incorporación de dispositivos móviles a la educación física escolar. Revista Española de Educación Física y Deportes, 407, pp. 79-86.

García, M. E. 2009. Los espacios, convencionales y no convencionales, para la práctica físico-deportivo-recreativa. Tándem didáctica de la educación física (30), pp.9-21.

García Montes, M. E. y Hernández, A. I. (1998). Recorridos de orientación urbana: una forma de apropiarse de la ciudad. Espacio y Tiempo,22-23-24,pp. 55-69.

Generelo, E. (2010). Las nuevas tecnologías y su aplicación en Educación Física. En V congreso Internacional, XXVI Congreso Nacional de Educación Física, Docencia, innovación e investigación en Educación Física (pp. 173-181). Barcelona: Inde Editorial.

Godzicki, L., Godzicki, N., Krofel, M. & Michaels, R. (2013). Increasing motivation and engagement in elementary and middle school students through technology-supported learning environments. Chicago, Illinois: Saint Xavier University. http://eric.ed.gov/?id=ED541343. Fecha de consulta, 14/05/2013.

Gómez-López, M., Baena-Extremera, A., & Abraldes, J. A. (2014). Aplicación de las tecnologías del aprendizaje y el conocimiento para el aprendizaje de las actividades físico-deportivas en el medio natural en las clases de Educación Física. . Espiral. Cuadernos del Profesorado, 7(13), 71-77. Disponible en: http://www.cepcuevasolula.es/espiral.

Gómez-Gonzalvo, F.; Atienza & R. Mir, M. Daud (2015). Revisión bibliográfica sobre usos pedagógicos de los códigos QR. @tic. Revista d'innovació educativa. 15. Pp: 29-38.

Gómez Cimiano, J. (2003). El uso del GPS en actividades desarrolladas en la naturaleza. Apunts revista educación física y deportes. Recreación, ocio activo y turismo. (73). Pp. 70-75.

González, A. (2014). Nuevas Tendencias en Turismo: Nuevas Oportunidades de Negocio. IV Encuentro internacional de empresas de Turismo Activo. (pp.37-58). Bollullos de la Mitación. Sevilla.

Hernando, G. (2014). Últimos avances en los sistemas de medición y registro de la frecuencia cardiaca. Apps y nuevas tecnologías. En Arufe, V.(coord.) Actas del X Congreso Internacional de Ciencias del Deporte y la Educación Física.(pp.32-69). Pontevedra. Sportis. Formación deportiva.

Hernández F. & Ruiz J. (coords.), Organización de jornadas lúdicas en espacios no convencionales Almería: Servicio de Publicaciones de la Universidad de Almería. Asociación de Profesores de Educación Física de Almería (APEF). (pp. 79-92).

Holzinger, K., Lehner, M., Fassold, M. & Holzinger, A. (2011). Archaeological scavenger hunt on mobile devices: From e-education to e-business - A triple adaptive mobile application for supporting experts, tourists and children. Artículo presentado en el International Conference on e-Business. Sevilla. https://online.tugraz.at/tug_online/voe_main2.getVollText?pDocumentNr=202016&pCurrPk=57970. Fecha de consulta, 17/05/2013.

Jiménez, J. & Rebollo, J.A. (2015). La introducción de las TIC en educación física: unidad didáctica de bádminton para primaria. Habilidad motriz (45).

Luque, P. (2004). Orientación urbana en la Almedina de Baena. En: Curso El Deporte de

Orientación en y desde el Centro Educativo. Baena: CEP Priego-Montilla, 2004.

Luque, P & Sánchez, P. (2008). Orientación urbana recreativa a través de una leyenda: "las emparedadas de Baena", pp 541-564. Comunicación en V Congreso Nacional de Deporte en edad Escolar. Dos hermanas.

Monroy, A.J. (2010). La enseñanza de la Educación Física y las nuevas tecnologías [Versión electrónica]. Revista Internacional de Derecho y Gestión del Deporte. (10). Extraído el 10 de Diciembre, 2011 de http://www.amdeged.es/?option=com_k2&view=itemlist &task=category&id=4:2010.

Moya, A.M. (2009). Las nuevas tecnologías en educación. Innovación y experiencias educativas (24). [En línea] http://www.csicsif.es/andalucia/mod_ense-csifrevistad_24.html.

Mora, J.M. (2008). Geocaching: la búsqueda del tesoro. Tándem. Didáctica de la Educación Física.nº27.pp.87-89.

Navacerrada, R. (2012). Herramienta TIC en Educación Física. Empleo de códigos QR como una manera original de presentar partes del cuerpo. Recuperado de revista digital educación física y deportes http://www.efdeportes.com/efd173/empleo-de-codigos-qr-como-una-manera-motivadora.htm

Navarro-Patón, R. (2008). Estudio del efecto de materiales audiovisuales de educación para la salud, sobre la prevención de accidentes en niños/as de primer ciclo de primaria. Tesis Doctoral: Universidad de Vigo.

Parra, C. (2008). La orientaventura aplicada en Secundaria y Bachillerato. Comunicación en actas del VI Congreso Internacional y nacional de "EL AULA NATURALEZA EN LA EDUCACIÓN FÍSCA ESCOLAR". Escuela Universitaria de Educación de Palencia de la Universidad de Valladolid.

Parra et al. (2000). Turismo, en una ciudad patrimonio de la humanidad (a través de un juego de rol en vivo)". Conferencia en: II Congreso Internacional de Educación Física. Educación Física y Salud). 1ª ed. Cádiz: FETE-UGT, 1999. Pp. 683-688.

Perdomo, S. (2013). Ponencia comercialización y estrategias e-marketing. Andalunet. III Encuentro internacional de turismo (pp.58-75). Bollullos de la Mitación. Sevilla.

Pérez Amate, M. del M., & Pérez Ordás, R. (2012). Propuesta de unidad didáctica sobre geocaching: en busca del tesoro escondido. EmásF, 19(4). Recuperado de http://emasf.webcindario.com/unidad_didactica_ geocaching.pdf

Prat, Q., Camerino, O. (2012). Las tecnologías del aprendizaje y el conocimiento (TAC) en la Educación Física, la WebQuests como recurso didáctico. Apunts. Educación Física y Deportes (109), 44-53.

Prats, Q., Camerino, O. & Coiduras, J. L. (2013). Introducción de las TIC en educación física. Estudio descriptivo sobre la situación actual. Apunts. Educación Física y Deportes (113), pp. 37-44.

Rodríguez, C. et al. (2002). Mapas de orientación urbana de la ciudad de Plasencia. La Gaceta Extremeña de Educación Digital. (63) [en línea] en http://www.educarex.es/lagaceta/antiguos/html/632002/experiencia.html

Román, P. (2012). Diseño, elaboración y puesta en práctica de un observatorio virtual de códigos QR.@tic, revista d'innovació educativa, 9. http://ojs.uv.es/index.php/attic/article/view/1947. Fecha de consulta, 21/05/2013.

Román, P. y Martín, A. (2014). Las redes sociales como herramientas para la adquisición de competencias en la universidad: los códigos QR a través de Facebook. RUSC. Revista de Universidad y Sociedad del Conocimiento, 11 (2), 27-42.

Román, P. y Méndez, J.M. (2014). Experiencia de innovación educativa con curso MOOC: los códigos QR aplicados a la enseñanza. Profesorado. Revista de currículum y formación del profesorado, 18(1), http://www.ugr.es/~recfpro/rev181ART7.pdf

Romero, O. (2001). Las pruebas de orientación: un medio interdisciplinar en las clases de educación física. Habilidad Motriz., (17), pp 24-28.

Sánchez, A. (2013). Códigos QR aplicados a la educación. La escuela del futuro. Excellere Consultora Educativa Recuperado de http://xurl.es/congresotic

So, S. (2011). Beyond the simple codes: QR codes in education. Artículo presentado en el Annual Conference of the Australasian Society for Computers in Learning in Tertiary Education - "Changing demands, changing directions". Australia. http://www.ascilite.org.au/conferences/hobart11/downloads/papers/So concise.pdf. Fecha de consulta, 14/05/2013.

Tejedor, J.C. 2006. El GPS y sus aplicaciones en las actividades físicas en el medio natural en el ámbito escolar. Revista digital educación física y deportes. http://www.efdeportes.com/ Buenos Aires - Año 11 - N° 97.

Trujillo, F. (2008). Las TIC en el área de Educación Física. Educaweb.com. Extraído el 30 de marzo, 2012 de http:// www.educaweb.com/noticia/2008/12/01/ tic-educacion-fisica-13325.ht

Valero, A; Granero, A.; Gómez, M.; Francisco A. Padilla, F.A.; Gutiérrez, H. (2010). Apunts. Educación Física y Deportes (99) pp. 34-46.

Valls, V.J.; Viciano, S.; García, R.2004. "Supervivencia urbana una propuesta para la educación integral". Retos. Nuevas Tendencias en Educación Física, Deporte y Recreación. 2002, nº 2, pp. 37-45.

Páginas webs consultadas:

http://andalusianwinderless.org/

http: es.m.wikipedia.org/Wiki/codigo_qr

http://www.efdeportes.com/efd173/empleo-de-codigos-qr-como-una-manera-motivadora.htm

http://youtu.be/rTVhkbhpxxY

http://xurl.es/congresotic

http://turismomediocudeyo.es/web/wp-content/uploads/imgtechturismo/png

http://www.turispain.com/turismo-activo

http://www.enfoquerural.com/realidadaumentada/realidad-aumentada-turismo/.

http://m.visitandorra.com/es/andorra-apps/guia-de-turisme-actiu-d-andorra/

http://www.geocaching.com/guide/default.aspx

http: //waymarking.com/cat.

http://geocachingesp.blogspot.com.es/

http: // geocheckpointing.com

http://www.youtube.com/watch?v=7OCyfV_k2_g

http: //alcoseber.actiopolis.com

www.codigos-QR.com

http://youtu.be/rTVhkbh

http://www.ambiental-hitos.com/ambientalitos/poner.html

http://geodashing.gpsgames.org

http: //www.europapress.es/turismo/destino-espana/turismo-urbano-20131205144857.html.

http: // www.codigos-QR.com.

CAPITULO 7. MODIFICACIÓN DE GRANDES ESPACIOS PARA LA PRÁCTICA DE LAS ACTIVIDADES EN LA NATURALEZA.

Como ya hemos visto en capítulos anteriores, el espacio se convierte en un recurso metodológico muy importante para practicar y enseñar las actividades en el medio natural. Sin embargo, no siempre estos espacios están disponibles en las urbes o pueblos y hay que modificar o construirlos para poder ofrecer grandes extensiones verdes para la práctica de las actividades en el medio natural. Siguiendo a Granero & Baena, A. (2010 pp.68-69), las funciones y usos del medio pueden ser:

a. *Uso o función productiva: es la utilización del medio bajo aspectos agrícolas, ganaderos, etc.*

b. *Educativa: se pretende establecer programas educativos con los siguientes objetivos:*

- ✓ *Conocimiento del medio ambiente.*
- ✓ *Conocimiento de técnicas del aire libre.*
- ✓ *Conocimiento de deportes de aire libre.*
- ✓ *Desarrollo humano.*

c. *Recreativo-turístico: se usa el medio como espacio para el tiempo libre; para ello debe ofrecer una participación activa, que deje un sentimiento de descanso, de relajación, y que sea libre, aceptada cualquier actividad que allí se haga.*

d. *Urbanístico: utilización del medio para fines urbanísticos.*

Para desarrollar este capítulo, nos basaremos en los dos últimos puntos para poder establecer una serie de e ejemplos de cómo se ha modificado un espacio para poder ser explotado tanto para una función recreativa-turística o por el contrario, se ha modificado por indicaciones sostenibles o por orden política, aportando una zona verde de parques y jardines para el pueblo, donde todos los ciudadanos pueden disfrutar y relajarse en estas zonas verdes realizando actividades propias del medio natural como andar, montar en bici, hacer deporte, nadar, hacer actividades náuticas, pescar, hacer barbacoas, etc.

Por lo tanto, se van a desarrollar diferentes ejemplos de modificación y explotación de espacios que anteriormente estaban inutilizados o se usaban para otro fin:

1. **Actividades de orientación y pruebas combinadas de aventura:** City Race, orientación urbana, combinadas de aventura y orientación en parques temáticos como isla Mágica. Existen numerosas formas de ocupar o aprovechar un espacio dentro de una ciudad sin dañar o modificar ningún mobiliario urbano y sin hacer modificaciones importantes. La forma más sostenible y sana, es a través de las carreras de orientación urbanas, formas de conocer y recorrer las calles de una ciudad a la vez de estar practicando un deporte como es la orientación. Como ya hemos visto, la orientación es un deporte que tiene un potencial educativo y ecológico, ya que prácticamente no se deteriora el medio por donde transcurre. Si tenemos que poner algún "pero" a este deporte es la necesidad de imprimir los mapas a color y la compactación del terreno por dónde van los corredores.

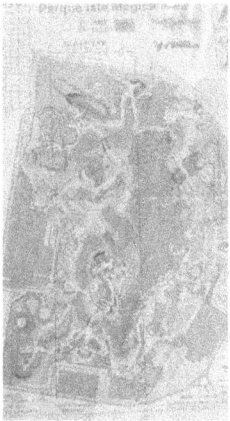

Figura 7.1. Plano de orientación urbana.

Las carreras de orientación urbanas se pueden realizar en cualquier ciudad, pueblo e incluso en una parque temático como Isla Mágica. Como prueba de ello, podemos destacar como el casco antiguo de Sevilla se convirtió en escenario de una prueba europea de carreras de orientación City Race, en el que tuve el privilegio de participar.

Por otra parte, estas carreras de orientación pueden combinarse con otras actividades en el medio natural convirtiéndose en raid de aventuras o combinadas de aventura. Según Parra, C. (2012. Pp.104) Una **Combinada de Aventura** es una carrera realizada en el medio natural y en la que hay que superar diferentes dificultades naturales (geográficas, vegetales,...) y pruebas deportivas de aventura en el menor tiempo posible. Podemos poner un ejemplo claro en la prueba de boomerang orientaventura organizada por *diferentes partes de España, en el que se combina el deporte de orientación (de tipo score) con la superación de pruebas de aventura (al encontrar determinados controles o balizas).* Otro ejemplo claro y que ya todos conocemos son los raid de aventura. Estos que inicialmente se organizaban como expediciones, se han convertido en una lucha contra el cronómetro.

Figura 7.2. Raiders saliendo en una etapa del Orientaventura de Sierra de las Nieves. Fuente: elaboración propia.

Estas pruebas utilizan los espacios más impresionantes y paisajísticos, tanto en medio urbanos, interurbanos o naturales. Estamos hablando de mapas que pueden enlazar diferentes pueblos mediante pruebas de bicicleta, carrera, patinaje o piragüismo, etc.

2. La publicidad se ha convertido en el principal eje de comercio de una marca o empresa, que pretende la difusión de un producto, la impregnación en la mente del receptor y su adquisición posterior. La creatividad y las nuevas tecnologías a través de los smartphones como principales medios de consultas de internet, han reconvertido el mundo de la publicidad, mediante un discurso comunicativo, mayoritariamente audiovisual que provocan acciones de compra.

Desde mi punto de vista, el buzoneo se queda anticuado y da paso a nuevas formas de publicidad, además de las actuales. Una tendencia de publicidad que está llevando una marca como Red Bull, es la de promocionar su marca a través de videos que se cuelgan en internet para que sean descargados y vistos por el mayor número de visitantes. Esta marca concreta, apuesta fuerte en el deporte de riesgo y actividades de aventura, organizando verdaderas obras de arte tanto para competiciones como para cortometrajes sobre actividades de riesgo en plena naturaleza. Es una tendencia rentable porque gracias a los videos tan atractivos e impresionantes, se superan retos o acciones casi imposibles gracias a verdaderos profesionales del deporte y del riesgo; además de ser vistos por una gran masa de personas superando más de un millón de visitas en red a los videos subidos. Son muchos los videos promocionales que podemos ver, pero pondremos algunos ejemplos de lo que realmente va este capítulo, modificación de espacios para la práctica de actividades físicas en el medio natural. Entre los ejemplos más destacados podemos ver:

- **Snowboard en un parque acuático en pleno invierno**: El Snowboard es una modalidad de esquí que posee el mismo fundamento que el alpino, salvo que se realiza sobre una tabla, siendo las modalidades más significativas y populares, aquellas que contemplan la ejecución de grandes saltos y movimientos acrobáticos. Las modalidades del snowboard son: Freestyle, carrera o boardercross, freeride, backcountry, snowboard de fondo y snowbike.

    Bienvenido a Action Park, un complejo de atracciones infame de Nueva Jersey que pasará a la historia como el parque acuático más extremo del mundo. Es un lugar de innumerables leyendas urbanas, un lugar donde la única prioridad es pasarlo en grande. Con estos argumentos, tiene sentido que los snowboarders Toby Miller, Red Gerard, y su hermano Brendan Gerard quisieran saltar la valla en pleno invierno para poder diseñar y construir su propia versión congelada del parque. Por Josh T. Saunders en 14 enero 2016.

    En http://www.redbull.com/es/snow/stories/1331770765960/red-bull-snowmusement-video-accion-park o http://snowmusement.redbull.com/

- Antigua iglesia barroca convertida en una pista de BMX indoor o un lugar de escalada deportiva.

- Transformación de una lámina de agua de un embalse en una piscina de olas para albergar una prueba del campeonato del mundo de surf.

- Podemos transformar los puentes o cualquier rincón de la naturaleza en plataformas de salto, con en el caso del Gugenheim.

- Podemos utilizar una antigua mina en pistas de descenso de bicicletas de montaña.

- La tendencia de acercar las actividades físicas y deportivas en el medio natural a las ciudades se elevan a la máxima potencia, en donde cualquier cosas inimaginable se hace posible. Por ejemplo, en la Plaza de España de Sevilla (donde nunca nieva) se instaló una pista de descenso de snowboard, en la plaza roja de Moscú se construyó una pista para un campeonato de saltos de motos de nieve, o como una plaza de toros se convierte en un espectáculo de saltos de motos, o como los mejores escaladores del mundo desafían la gravedad en un puente de Bilbao.

- Podemos ver otros ejemplos de otras marcas pero esta vez mediante videos o publicidad directa en los medios de comunicación como el anuncio de ski sobre praderas y terreno sin nieve de Audi quatro.

3. **Parques y jardines:** parece insólito encontrar un pueblo o ciudad sin una zona verde de parques y jardines, ya que dentro de la ordenanza municipal debe haber un apartado que refleje un espacio verde que oxigene la urbe de la contaminación, siguiendo las recomendaciones de la Organización mundial de la salud (OMS) sobre el mínimo de espacios verdes en las ciudades que se sitúa entre 10 y 15 metros cuadrados por habitante. Sin ir más lejos, *Sevilla capital tiene en su núcleo urbano un total de doce parques que suman una extensión de 2.500.000 metros cuadrados, lo que convierte a la capital andaluza en una con mayores espacios verdes de toda España.* En http://sevilla.abc.es/sevilla/20150122/seviparquessevillametros201501211159_1.html

   http://www.diariodesevilla.es/article/sevilla/1632846/sevilla/se/coloca/cabeza/pais/hectareas/verdes/por/habitante.html#

   Podemos poner diversos ejemplos de parques que se han construido por proporcionar este fin a los ciudadanos, pero nos vamos a quedar con los siguientes ejemplos:

a. Parque de las Graveras (San José de la Rinconada. Sevilla): como su nombre indica, el municipio tenía una antigua gravera, zona degradada de la ciudad, que servía para ocupar el ocio de muchos de los habitantes, aunque este careciera de seguridad y conservación. En 2014, se inauguró este parque periurbano para el disfrute de todos de todos los habitantes con unas instalaciones deportivas náuticas con una lámina de agua de 6,7 hectáreas, un bar y un centro de recepción de visitantes. Actualmente, lo gestiona y lo administra una empresa encargada de las actividades recreativas y deportivas en el parque, integrando diversas zonas, todas ellas vinculadas al agua, la naturaleza, el deporte y la aventura. Esta empresa ha convertido el parque en una centro de ocio y recreación donde hay un rocódromo y zona de rápel, un bosque suspendido con una tirolina de 150 metros, un recorrido para pasear con un radio de dos kilómetros donde podemos realizar diferentes paradas en ecoparques para realizar actividad física, además de disfrutar de los puentes que van por encima del lago artificial, un acuífero producido por las excavaciones de grava protagonista del parque. Además, cuenta con una zona de barbacoas y merenderos para poder pasar un día excepcional en la naturaleza en un espacio interurbano. Además, la lámina de agua es explotada por una subcontrata que ofrece un servicio de alquiler de piraguas y remo, natación de aguas abiertas y tecnificación del deporte de triatlón. Por último, cuando se va acercando el verano, esta empresa ofrece diferentes actividades en la naturaleza tanto para niños como a familias, como por ejemplo, campus de verano, acampadas o vivaqueos, actividades de astrología, competiciones deportivas de duatlón, orientación, aguas abiertas y triatlón; paquetes de aventura que incluyen bosque suspendido, tirolina, escalada en rocódromo y piragüismo. Poner página web: www.sevillaactualidad.com/provincia/29667-la-rinconada-estrena-parque-en-las-graveras

Figura 7.3. Plano aéreo del parque de las graveras.

b. Parque del río Guadaira. Este parque nace como un proyecto de sostenibilidad sobre el río Guadaira que pretende dar vida un espacio inutilizado. En este parque hay espacios para todos: huertos populares, un carril bici, ecoparques y diversos caminos para poder andar, correr y montar en bicicleta.

c. Parque del Tamarguillo (parque Alcosa), se ha convertido en el parque de referencia para celebrar barbacoas y días especiales. Además de contar con los jardines infantiles, existe un pequeño zoo de aves, una lugar acotado para montar a caballo, un pinar donde se hacen romerías, huertos populares e igualmente diversos caminos para poder caminar, montar en bicicleta, correr, etc.

d. Ampliación de otros parques. Cabe otra opción de ampliar parques para ampliar las zonas verdes y recorrido de los paseos y carreras.

4. **Paintball.** *El Paintball es una actividad física o deporte de equipo, en otros países y básicamente consiste en eliminar a tus oponentes marcándolos de pintura. Esta es la idea central sobre la que se organizan variantes que introducen elementos como banderas, límite de bolas, escolta de rehenes, defensa de posiciones... En inglés significa "bola de pintura" y es el elemento principal del juego. Jugar a Paintball no requiere ninguna forma física especial y puede ser practicado por cualquier persona.* (Parra, C. 2012. Pp.108). Es un deporte colectivo de estrategia y físico donde están representados los aspectos básicos de otros juegos de equipo: comunicación, trabajo en equipo, cooperación, etc. para poder practicarlo, es necesario utilizar un espacio artificial o natural modificado, siendo una de las actividades más demandadas en las empresas de turismo de ocio al aire libre. Se modifican espacios dando una temática al terreno de juego, dando lugar a diferentes campos de juego del paintball, es decir, actividades del medio natural en urbes o en zonas interurbanas. Esta actividad se ha convertido en una tendencia de moda que mueve a una gran masa de participantes, llegando hasta originar empresas especificas de paintball.

5. **Patinaje sobre hielo.** Cada vez es más habitual, ver pistas de hielo artificiales instaladas en ciudades de interior y de costa donde apenas nieva. Una iniciativa emprendedora que muchos Ayuntamientos, proponen como actividad de ocio en las semanas de vacaciones y de navidad. Estas pistas son más frecuentes y pueden repetirse este tipo de aprovechamiento de espacios en muchos rincones de una misma

ciudad. Es una actividad de ocio de moda y que suele combinar las actividades propias de la naturaleza en las urbes. Por lo tanto, es otro ejemplo representativo de las nuevas tendencias de acercar las actividades físicas en la naturaleza en un espacio urbano.

Figura 7.4. Pista de hielo en nave industrial. Fuente: Elaboración propia.

6. **Las vías ferratas: Empresa de turismo activo Andévalo Aventura, Antequera y caminito del rey.**

Las vías ferratas son itinerarios de escalada equipados con multitud de anclajes cables, cadenas o peldaños, que nos permitirán superar una pared sin que sea necesario tener grandes nociones de escalada. Lo importante en las vías ferratas es saber utilizar bien los cabos de anclajes y ascender con tranquilidad (Parra, C. 2012.Pp.107). Como ya hemos visto en capítulos anteriores, existen ya innovaciones educativas sobre las vías ferratas en los centros educativos (Baena-Extremera, A., Ayala-Jiménez, J. D., & Ruiz-Montero, P. J. 2014; Baena-Extremera, A.; Serrano, J.M.; Fernández, R.& Fuentsal, J. 2013), además hemos comprobado cómo esta actividad propia del medio natural puede integrarse como una materia o contenido en las programaciones didácticas, pudiéndose hacer progresiones didácticas, por ejemplo, desde jardines infantiles, pasando por los centros educativos y culminando en una vía ferrata en el medio natural.

PROGRESIÓN EN LAS VÍAS FERRATAS

![Progresión en las vías ferratas: Iniciación en parques infantiles → Vías ferratas en centros educativos → Vías ferratas a gran altura]

Diapositiva 14. Progresión en las vías ferratas.

Si nos centramos en las vías ferratas, por ejemplo, en el ámbito autonómico andaluz, podemos ver que existen pocas vías ferratas. Sin embargo, podemos destacar tres de ellas como ejemplos de gestión distinta:

- Andévalo Aventura: una empresa de turismo activo que con fondos europeos ha podido construir una vía ferrata en un peñón del Morante (punto de interés turístico en Calañas). Esta empresa de turismo activo puede ofrecer una actividad alternativa lejos de su hospedaje para todas personas que soliciten sus servicios.

Figura 7.5/6. Vía ferrata EL MORANTE (Calañas).

- Vía ferrata de Antequera: es considerada como una de las más antiguas de Andalucía, que se originó gracias a las iniciativas de bomberos escaladores que decidieron equipar una parte de las paredes del Torcal de Antequera. Esta vía ferrata cuenta también con una red de senderos de pequeño recorrido que rodean todo el Torcal, lo que hace más atractiva la zona gracias a su interés paisajístico natural.

- **Caminito del Rey:** esta vía ferrata actualmente equipada y modernizada, es otra de las vías más antiguas de Andalucía. El recorrido total del Caminito del Rey son 7,7 kms., de los cuales 4.8 kms. de accesos y 2,9 kms. de pasarelas. Está vía es actualmente muy popular gracias a diversos programas de televisión y condecoraciones como el merito turístico 2015, esto ha hecho que se masifique hasta tal punto que exista una lista de espera para poder realizar el caminito del rey. Esta vía ferrata, se ha convertido en un sendero por cañones con una información digitalizadas gracias a paneles y carteles en códigos QR, que facilitan la información de interés en cada momento, acciones que se han valorado hasta tal punto de ser galardonado por diversos premios. Es una lástima que esta joya de instalaciones en plena naturaleza este tan restringida y manipulada por el sector turístico.

7. **Espeleología.** La cueva del gato (sistema Hundidero-gato). La espeleología es un deporte que consiste en la exploración de una cueva (cavidad horizontal) o sima (cavidad vertical). Es imprescindible que todos conozcan las técnicas de rápel, la superación de unos pasamanos o la ascensión por una cuerda y todos los materiales de espeleología. La cueva del gato situada entre los municipios de Montejaque y Benaoján, en la provincia de Málaga es un referente a nivel nacional, por ser monumento natural de Andalucía y ser uno de los mayores de España. *En 1920, se construyó una presa hidroeléctrica sin éxito porque nunca funcionó para su cometido. Sin embargo, desde hace muchos años, ha sido una cueva que ha despertado el interés de los espeleólogos pos sus simas, lagos y sifones, aunque muy peligrosas debido a que las intensas lluvias de la zona hacen variar el cauce subterráneo con gran rapidez y la temperatura del agua, causando en algunos casos hasta la muerte. Por lo tanto, desde hace varios años, se restringió el acceso de esta cueva sólo a federados en espeleología.* En web: http://es.m.wikipedia.org/wiki/cueva_del_gato

Figura 7.7. Práctica de espeleología en un rocódromo multifuncional. Elaboración propia.

Sin embargo, y teniendo como referente este tipo de cuevas, podemos modificar el espacio natural en diferentes espacios educativos, estableciendo diferentes progresiones educativas sobre la espeleología, desde los parques infantiles, tanto en la escuela mediante innovaciones educativas (Baena, A., & Granero, A.2009; Baena, A., Granero, A., Ruiz, F., & García, E. 2009), como a nivel universitario, realizando prácticas de descenso y ascenso con material específico de espeleología como yuma, crol y stop; como a nivel deportivo mediante el título de técnico deportivo en espeleología (ver en web: http: //www.mecd.gob.es/educación_mecd/area_educación/técnico_deportivo_e_spelelologia.html).

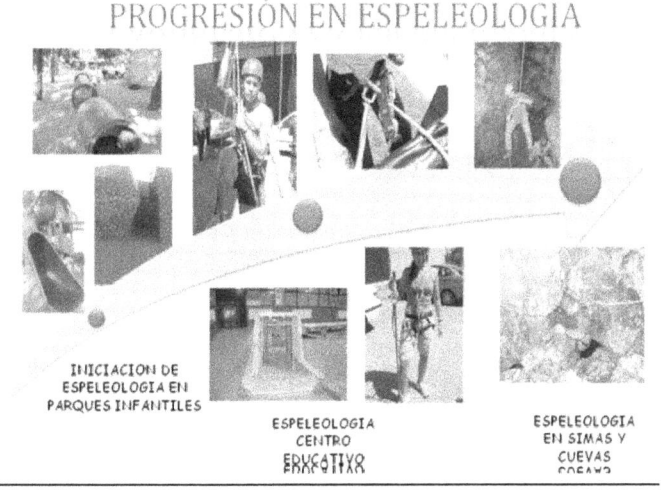

Diapositiva 15. Progresión didáctica en espeleología.

8. **Puenting:** Andévalo Aventura. *El puenting consiste básicamente en sujetar una cuerda (normalmente con dos) en la barandilla de un puente, pasar ésta por debajo de su arco hasta que el otro extremo salga por el otro lado, atarse este extremo con un arnés y saltar, lo que produce una caída pendular a gran velocidad* (Parra, C. 2012.Pp.107). He tenido varias experiencias en puenting pero ninguna tan impresionante como fue en una instalada en una plataforma de andamios situada muy cerca del suelo. Esta actividad no es muy frecuente en las ciudades aunque ya podemos realizarlas en espacios interurbanos o incluso en alberques, instalaciones de turismo activo como Andévalo Aventura y campamentos.

Figura 7.8. Puenting. Fuente: Andévalo Aventura.

9. **Instalación multiaventura: Palencia.** Siguiendo a García, H. (2008. Pp.97):

> *Las nuevas tendencias constructivas se dirigen claramente a la imitación del medio natural en el entorno urbano:*
>
> - *Se trata de ofrecer construcciones tematizadas relacionadas con los elementos esenciales del medio natural.*
> - *Serán construcciones que inviten al inicio de nuevas prácticas deportivas o al entrenamiento o perfeccionamiento.*

Podemos ver en su conferencia, que existen ya instalaciones temáticas de actividades del medio natural en las ciudades. Este sueño de cualquier formador de monitores y educador de actividades físicas en la naturaleza se encuentra construido en la ciudad de Palencia.

> *Se diseñó una montaña con tres parte bien diferenciadas, denominándola ala-norte, cuerpo central y ala sur, que sirvieran para hacer actividades de senderismo, espeleología, escalada, barranquismo descenso de verticales (pozas). A su vez esta*

montaña estará unida y conjuntada con un lago y cauces de corrientes de agua y saltos de agua, así como un estanque que permitiera realizar actividades deportiva de piragüismo en sus diversas especialidades, inmersión y submarinismo y todas ellas enlazo con construcciones aéreas propias del medio natural o de actividades de tiempo libre: pasarelas, puentes tibetanos, pasos de monos, tirolinas, lianas, etc... García, H. (2008 p.p.98).

10. **Alojamientos rurales "re-convertidos".**

En la línea del apartado anterior, existen numerosos ejemplos de empresas de turismo activo que deciden promocionar sus actividades proporcionando una instalación hostelera o turismo rural (el 58 % de empresas de turismo activo poseen entre 1-2 instalaciones de turismo activo), a partir de espacios o instalaciones inutilizadas como pueden ser un antiguo baldío, una granja de pollos, una hacienda, un cortijo, un camping, etc. Sin embargo, nos podemos encontrar con el caso contrario, un conjunto hostelero o alojamiento rural que requiere de actividades para dar una alternativa de ocio y una experiencia o vivencia del espacio, fuera de un contexto competitivo donde este. Siguiendo el informe de turismo activo en España 2014, los clientes de hoy día, ya no buscan el descanso y el relax, sino buscan experiencias y actividades. Entre las actividades más demandadas por los clientes son (modificado de Mediavilla et al. 2014,pp.184):

- El senderismo, el 11,9 % de los clientes, prefieren una actividad para pasear durante su estancia en un conjunto turístico rural.

- El 11,2 % de los turistas, prefieren las actividades de barranquismo y rafting (4,7 % de los clientes), por lo que, en algunos casos también se oferta el alojamiento para un día antes o después de la actividad.

- Sin embargo, otros turistas prefieren realizar excursionismo (estancias en espacios naturales de un día y luego vuelven a sus hogares) para realizar actividades como el paintball (4,7 %) o los parques de aventura (4,3 %).

Figura 7.9. Instalación con varias actividades- Elaboración propia.

11. Parques de bomberos.

Una de las instalaciones que más gustan visitar a los alumnos es ir a un parque de bomberos y ver el trabajo que desempeñan estos profesionales. Sin embargo, estas visitas se quedan en mucho de los casos en excursiones de centros educativos de primaria e infantil, dejando desaprovechados estos espacios y la "labor a la sociedad" que tienen estos profesionales. Podemos ir más allá y utilizar estos espacios como lugares de práctica para el bloque de contenidos de actividades físicas en la naturaleza que se desarrollan en Secundaria, como por ejemplo, la escalada, rápel o tirolina en la pared de prácticas de estos parques de bomberos. Por otra parte, y como experiencia personal, tuve que solicitar los servicios de estas "labores a la sociedad" que tan gratamente fueron recibidos y desarrollados por la jefatura de bomberos. Para ello, y como profesor de la asignatura de actividades físicas en el medio natural de la universidad de Sevilla, solicite mediante un escrito oficial desde dicha Universidad una práctica dentro del parque de bomberos donde pudimos desarrollar una sesión correspondiente a dicha asignatura en un espacio urbano incluyendo un temario, tanto teórico como práctico, sobre el montaje de tirolinas, escalada y rápel en pared, materiales de seguridad para el salvamento y auxilio de victimas, etc. Con esto, doy una muestra más de cómo se puede aprovechar grandes espacios en un medio urbano para poder acercar las actividades propias que se practican en la naturaleza.

Figura 7.10. Práctica montajes de tirolinas en parque de bomberos. Elaboración propia.

Bibliografía.

Baena-Extremera, A., Ayala-Jiménez, J. D., y Ruiz-Montero, P. J. (2014). Iniciación a las vías ferratas en Educación Física de primaria y secundaria. Espiral. Cuadernos del Profesorado, 7(15), 21-27. Disponible en: http://www.cepcuevasolula.es/espiral.

Baena-Extremera, A.; Serrano, J.M.; Fernández, R.& Fuentsal, J. (2013)Adaptación de nuevos deportes de aventura a la educación física escolar: las vías ferratas. Apunts. Educación Física y Deportes. (114), 4.º trimestre. pp. 36-44

García, H. (2008). Dirección de los recursos naturales para la práctica de actividades físicas y deportivas. Conferencia: Construcciones deportivas relacionadas con el medio natural. Nuevas tendencias. Aguado, A.M. y López Arroyo, J.J. En La formación en la profesión de educación física escolar. (pp.95-101).Palencia. Patronato Municipal de Deportes. Ayuntamiento de Palencia.

Granero, A. & Baena, A. (2010). Actividades físicas en el medio natural. Teoría y práctica para la educación física actual. Sevilla. Wanceulen.

Parra, C. (2012). Las actividades en la naturaleza. Nuevas tendencias para comunicar. En Deporte, comunicación y cultura. Marín Montín, J. et al. Pp 96-119. Zamora. Ed. Comunicación social.

Mediavilla, L.; Gómez, V.; Sánchez, A. & Villota, S. (2014). Perfil identificativo de las empresas de turismo activo de aventura en España, Italia y Costa Rica. Journal of Sport and Healh Research. 6 (2),pp.177-190.

Páginas webs consultadas:

http://sevilla.abc.es/sevilla/20150122/seviparquessevillametros201501211159_1.html

http://www.redbull.com/es/snow/stories/1331770765960/red-bull-snowmusement-video-accion-park

http://snowmusement.redbull.com/

http://www.mecd.gob.es/educación_mecd/area_educación/técnico_deportivo_espelelologia.html).

http://es.m.wikipedia.org/wiki/cueva_del_gat

www.ingramcontent.com/pod-product-compliance
Lightning Source LLC
Chambersburg PA
CBHW080244170426
43192CB00014BA/2565